허영만의 주식 타짜

| 일러두기 |

이 책은 《허영만의 주식 타짜》(2020)를 분권하여 만든 개정판입니다.

허영만의 주식타짜

타이밍 승부사들

글·그림 허영만

가디언

타짜들에게는
비장의 무기가 있다

"타짜"란 본인의 노름 만화의 제목이다.
어떤 분야에서 발군의 실력을 가진 사람이라는 뜻인데
노름 타짜, 야구 타짜, 연애 타짜 등등 많은 타짜들이 있다.
여기에서는 주식 타짜를 다룰 것이다.

여의도의 주식시장에는 워낙 운용 규모가 커서
사방에서 알아주는 타짜도 있지만
곳곳에 숨어서 개인적인 투자를 하는 타짜들은
서로를 잘 알지 못하는 경우도 있다.
자타가 공인하는 타짜 몇몇의 인터뷰는 실패했다.
바깥세상에 노출되어야 이로울 것이 없다는 것이다.

책으로 알게 됐거나 인터뷰가 가능했던
주식 타짜들의 스토리는 큰 줄기에서 비슷한 것들이 많다.
처음에는 잘나가다가 왕창 까먹고
한강에 한 번씩 갔다 와서 재기했다거나
혼란스러웠던 순간은 IMF와 9.11 테러 사건 때였다는
이야기 등이 어김없이 나온다.
그러나 그들은 그 어려웠던 순간을 기회로 삼았고
디딤돌을 마련했다.

다시 그런 순간이 온다면 우리도 그들처럼
주식으로 큰돈을 만질 수 있을 거라 생각할 수 있다.
하지만 그것은 쉽지 않다.
우리는 아직 준비되지 않은 맹탕들이기 때문이다.
어려움을 극복한 그들에게는 비장의 무기가 있었다.
그래서 우리도 기회가 왔을 때 놓치지 않도록
주식 타짜들의 투자 비법을 배워야 한다.
이것이 부자로 가는 길이다.

허영만

Cont

ents

허영만의

주식
타짜

타이밍 승부사들

1

실전투자대회 18회 수상에 빛나는
스캘핑 고수

한봉호

광운대 경영대학원
주식투자트레이딩
책임지도교수

예?
우리나라에
주식투자를
전문으로 가르치는
대학이 없다고요?

예,
없었습니다.

왜냐하면 경영학에서는
일반적인 학문은 가르칠 수 있지만
실무는 가르치기 어렵거든요.
특히 주식투자는 위험 자산이라
이론만으로는 가르치기가 쉽지 않습니다.

트레이딩 관점에서 경험해보고
성공도 해본 좋은 마인드를 가진
강사를 구하기가 어려울 거예요.

그래서 제 은사님이
저보고 이런 전공이 있으니 지원하여
강의를 해보지 않겠냐고 하셔서 고민했습니다.

고민을 왜 했죠?
너도나도 교수 되기를
원하는데요?

위험 자산을
학문처럼 가르친다는 것이
어려워요.

또 종목을 추천해줬는데,
잘못해서 수익이 안 나면
곤란하지 않습니까?

전에 유행한 ○○○학과에서도
비슷한 일들이 있었다고 한다.

그렇지만 강의하기로 결심했다.

종목 추천의 폐해를 막기 위해서였다.
급등주, 인기테마주 또는 장외 주식을 매수하면
돈을 번다고 외치는 사람들이 있는데,
매도나 위험관리 등을 소홀히 하면 손해를 볼 수 있다.

또 선행 매수 후 종목 추천을 해서
시장에 부정적인 영향을 끼치기도 한다.

이런 걸 막아보자.
주식투자 방법을 나만 알고
무덤으로 가져간다는 것은
죄악!

위험 자산을 다루지만
주관적인 것을 최대한 객관화해서 가르치면
할 만하겠다고 생각했다.

그래서 작년에
처음 신입생을 모집했어요.

신입생 연령대가
궁금해요.

여성보다 남성이 많았다.
연령대는 젊은 층보다 중장년층이 많았다.

4년제 대학 졸업자를 받아들였으니까
학력도 높았다.

무엇을 배우려고 수강 신청을 했나 물어봤더니,
일부는 본인 업무와 관련된 전문성 제고를 원했고
다수는 주식매매 테크닉을 습득해서
재테크를 잘하고 싶다고 말했다.

직장이 평생 보장을 못 하니깐
미리 준비를 하겠다는 것이다.

나는 노인들에게
치매 방지용으로
주식투자를 권하고 싶어요.

화투 치면 좋다고 하지만 그것 가지고는 안 되고,
적은 돈을 주식에 신경 쓰면서 넣었다 뺐다 하는 게
최고의 치매 치료제, 치매 방지제일 겁니다.

그러다 갑자기
큰돈 넣으면
곤란합니다.

왜요?

치매가 심하면
돈을 얼마 넣었는지를
잊어버려요.

ㅎㅎ.

ㅎㅎ.

근데 작년 한 학기,
올해 한 학기 해보니까
종목 추천은 안 하는 게
좋겠더라고요.

교수님만
돈 벌지 말고
종목 몇개 주세요

사랑스런
제자들과
공유합시다

!

안됩니다!

에이~ 진짜좀

교수님 돈 나눌것도
아닌데 너무하십니다

밥을 떠먹여주면
절대 실력이 늘지 않기 때문이다.

밥을 떠먹여주면
숟가락 쓰는 연습도 안 할 것 아닌가?

실패를 경험해봐야
그다음 단계를 볼 수 있다.

그… 그렇네요.

종목 물어보려고 했는데,
그만둬야겠어요. ㅎㅎ

전업 투자자들이 인터뷰를 꺼리던데,
인터뷰 허락해줘서 고맙습니다.

대체로 드러내는 걸
싫어하더라고요.

꼭 그런 건 아니지만 아마 이런 이유 때문일 겁니다.

첫째, 허 쌤 말씀마따나 돈 빌려달라는 사람들이 밀려옵니다.

둘째, 비정상적으로 돈을 버는 사람들이 있기 때문입니다.

비정상적?

지금껏 신문에 나온 방법들과 미공개 정보를 이용하는 자,

선행 매매 후 가짜 뉴스로 언론을 이용해 이익을 취하는 자.

한 교수님은 이 바닥에
어떻게 들어오셨어요?

저는 경제 전공도 아니고
화학 공부했었어요.
90학번.

IMF가 98년도에 왔었죠.
제가 29살 때였는데
모두 실직 상태였어요.

ㅎㅎ IMF 얘기는
빠지지 않는군.

나갈 돈도 없고,
나갈 곳도 없이,
집에 박혀 지냈다.

그 시절 한 교수의 동생이
주식매매를 하고 있었는데
미국 IT쪽이 성장해서
인터넷 붐이 일고 있을 때였다.

동생이 계좌를 만들어 10만 원을 넣고
주식을 매매하는 것이 너무 신기했다.

이야!
이거 신기하다!

형은
고스톱밖에
모르지.

돈을
넣고 빼고
넣고 빼고
그러다가
잃을 때보다
딸 때가 많으면
윈!

그때는 전문 서적이
지금처럼 많지 않고
굉장히 어려웠을 텐데…

막상 시작해보니
문제가 많더라고요.

서적도 많지 않았으니 지식도 부족하지,
또 증권사 수수료가 비싸더라고요.

당시에는 한번 사고팔면 1%가 수수료였다.

수수료 때문에
단타는
안 하셨겠네요.

원금이
100만 원이었으니까
회전율을 높여서
승부했죠.

증권사 수수료와 세금의 합이 1.3%니까
하루에 30번 매매하면
39%가 원금에서 까이는 것이었다.

원금을 지키고 어떻게 하면
벌 수 있을까만 생각했다.

그런데 아주
잘되더라고요.

공부를 많이
하셨나보네요.

아뇨. 그 당시에는
쉬웠습니다.

원금을 지키기 위해서는
매매 원칙이
딱 하나입니다.

어차피 좋은 주식은 시장에서 인기주이기 때문에
많은 사람의 추종 매수 세력이 모인다.
순간 변동 폭도 커지고 변동 폭에 의한 상승 추세라든지 박스권이라든지
하락 추세에서도 V자 반동이 나온다거나 하는 패턴을 발견할 수 있다.

그런 구간을 캐치해서
수수료 이상의 수익이 날 때만
들어갔다 나왔다 한다.

말은 쉬운데….

어쨌든
저는 그렇게 해서
수익을 냈는데
다른 사람에게
이렇게 얘기하면
이해를 못 하더라고요.

저는 이해합니다.

이 의자를 만들어 봐

보고 만드는데도 안돼?

이런 얘기 같아요.

적당한 비유입니다.

연예인이나 예술가가 '끼'를 가지고 있듯
주식투자자들도 분위기라든지 남다른 '촉'이
분명 있다고 봐요.

처음에는 어떤 종목으로
재미 보셨어요?

그것은 정해져
있다기보다는….

2000년대 초반은
미국 나스닥 시장이 본격적으로 급락하는 시기였는데
우리나라 시장도 덩달아 급락했다.

주식을 보유하면 손해를 보는 시기였다.
주식을 보유하면 손해니까
보유 안 하는 것이 1차 목표였다.

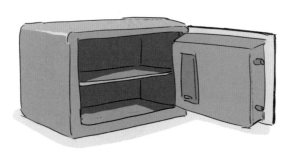

그중에서도 주가가 급락하지만
곧 반등할 수 있는 좋은 주식.
그런 종목을 선정해서
반등하려고 할 때마다
들어갔다 나오는 것,
딱 이거 하나였습니다.

계속
"딱 이거 하나…"

우리 같은
깜깜이는
그런 걸 고르는 것이
문제로세….

우리나라는 변동 폭이 크지는 않아도
자잘한 변동 폭이 좀 있는 편이다.

시장의 주도주 같은 것은
시장이 급락해서 주가가 빠지더라도
주변 환경이 좀 변하면 다시 반등한다.

그런 것만 공부하자.

다 같이 떨어져도
같은 주식이 아니다.

다 같이 빠지는 중에도 반등하는 것이 있었다.

그런 걸
잘 잡아냈다고
봐야죠.

이건 정말
'촉'으로밖에
설명이 안 돼요.

책에서
가르치는 것
이외의
뭔가…
이런 거….

2018년에 전 세계적으로 주가가 한번 빠지니까
우리나라도 양대 축이 빠져버렸다.

바이오 헬스케어와 반도체 분야.

바이오 헬스케어는
회계적인 측면에
문제가 있어서
회복이 잘 안 됐고

삼성전자나 SK하이닉스는
2019년에 실적이
안 좋을 거라고 하니까
같이 빠졌다.

그런데
한 번 하락했다고
기업이 망하는 건 아니죠.
SK하이닉스 주식이
많이 올랐어요.

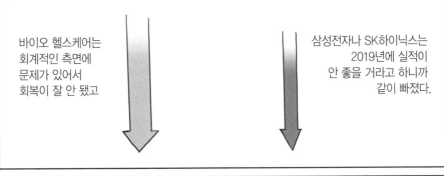

삼성전자는 액면 분할* 했는데도 아직 본전도 못하고 있잖아요.

주주 수는 많아졌는데 주가는 올라가지 않고 있지요.

저는 우리나라에서 주식투자가 어려운 원인을 찾아봤어요.

● 액면 분할
주식의 액면가격을 일정한 비율로 나눠 주식의 수를 증가시키는 일. 예컨대 액면가격 5,000원짜리 1주를 2,500원짜리 2주로 만드는 경우다. 시장 주가가 지나치게 높게 형성돼 주식 거래가 부진하거나 신주 발행이 어려울 때 행한다.

첫 번째, '코리아 디스카운트'*.

삼성전자가 지금도 저평가되어 있는데 어디까지 내려가라는 겁니까?

● 코리아 디스카운트
남북대치 상황에 따른 지정학적 불안 요인으로 인한 주식 저평가

두 번째, 시중에 나와 있는 수십 종의 주식투자 가이드 책은 미국식 시장 상황을 기본으로 두고 만들어졌어요.

허나 미국과 우리는 사정이 다릅니다.

세 번째, 그러다 보니 투자자들이 자신감을 잃고 전문가 모임을 찾아다니는데요.
비용 대비 효율성 측면에서 과연 옳은지 모르겠습니다.
우리나라 시장이 장기 박스권*에 갇힌 상태에서
고점 부근에서는 과열에 의한 '탐욕'이 생기고
바닥 부근에서는 '공포'에 의한 투매를 부르곤 하는데,
투자자가 심리를 반대로 바꾸면 좋은 결과가 생기지 않을까요!

● 박스권
주식의 가격이 최고점과 최저
점 사이에서 벗어나지 않는
상태가 계속 반복되는 구간

99년 처음 주식을
시작했을 때
잘되더라고
얘기하셨죠?
어째서죠?

그때 폭락하던 시장에서도
저는 수익을 내고 있었어요.
주식을 보유하면 손해니까
보유하지 않는다는
원칙을 지키면서 가는 주식은 뭘까,
시장을 눈여겨봤더니
보이더라고요.

그때 IT가 대세였는데
IT 기업이 줄줄이 폭락하는 가운데
어떤 기업은 반등했다.
사람들이 모이는 인기주였던 것이다.

그래서 그런 기업이 반등을 하면
하루에도 몇 번씩 사고팔아서
수익을 냈었고,
싸게 사서 비싸게 파는
매매를 할 수 있었다.

산삼 캐러 산에 갔는데
앞선 사람은 못 보고 지나친 걸
뒷사람이 보는 경우 같은 거네요.

그렇게
볼 수 있지요.

처음에는
내 눈에 보이니까
다른 사람들 눈에도
보이는 줄 알았어요.

그런데
다른 사람들은
거꾸로 매매하고
있더라고요.

저는 반등할 때 샀는데
사람들은 반등할 때 팔아요.

주가가 떨어지는 똑같은 상황을 보고
저는 '주가가 바닥을 칠 때 사고
고가일 때 팔아서
수익을 내야지' 생각하는데,
사람들은 주가가 하락하면
끝도 없이 추락할 거라고 보고
얼른 팔아야겠다고 생각하는 거죠.

주가가 빠지는 것만 보니까
마음이 불편한 거죠.

이미 사놓은 주식의 가격이
빠지니까 불편하다고요?

사놓은 걸
물릴 수도 있지만
주식이 없는 사람도
주가 빠지는 걸 보면
마음이 불편해요.

● 물리다
손실 중인 매수 종목
을 계속 보유하다

호가 창에서
매도는 계속 늘고
매수는 줄어요.
매도 물량은 계속 쌓이고요.

그러면
'이 종목은 틀렸구나.'
이런 생각이 들어요.

그러면 곧 자신의 주식을
서둘러서 손절매해버리거나
혹시나 하는 생각에
조금 더 버티다가
'이크!' 하면서
손절을 합니다.

그런데 이 상황을
한 교수는 반대로 생각한 것이다.

마음이 불편해서 매도한 투자자는
그 주식이 반등하더라도
매수하지 않는다.

또 떨어
질텐데 뭘…

오늘
좀 가네?

내일
또 떨어질 텐데
뭘….

저것 봐.
매수 세력이
몰렸어.

어? 오늘은
매도 세력이 약해지면서
매수 세력이 강해지니까
계속 올라가는구나!

가는 게
간다더니
진짜 가나 보다!

덜컥 사고 만다.
허나 한 교수는
이미 손을 턴 후다.

급락 장이나 하락 장이 진행될 때에는
그때가 고점이다.
반등이 작게 일어나기 때문이다.

주가가 내려갈 때는
마음이 불편해서 팔았고,
주가가 올라갈 때는
마음이 편해서 샀다.

저는 주가가 바닥일 때
불편한 마음으로 사서
마음이 편할 때 팔죠.

똑같은 사람이고
상황도 똑같은데
판단은 이렇게 다르다.

이 작전은
단타에도 적용되고
연간 기준에서도
똑같이 유효합니다.

당일 매매(데이 트레이딩)는
순간적으로 집중해야
하기 때문에
머리를 많이
써야 합니다.

만화 그리는 것도
마찬가지예요.

머리를 쓰는 것이
그냥 보고서 쓰듯
하는 게 아니라
돈이 왔다 갔다 하니까
피가 마릅니다.

만화도 마찬가지죠.
잘 그리면 인기가 좋아져서
원고료가 오르고,
잘 못 그리면 인기가 떨어져서
원고료가….

한 교수 말씀
경청! 경청!

매매할 때
계속 극도의 정신력을 사용하면
몸과 심장이 금방 상한다.
그래서 한 교수는 연구했다.

이후에는 상승장에서 매매했다.
상승장에 맞는
매매 방법을 연구했고
지금은 전체 시장과 관련된
매매 방법을 연구한다.

처음에는
하락장에서
단기 매매로
수익을 내는 방법을
찾는 것으로 시작했죠.

우리나라는 미국과
시장구조가 다르니까
워런 버핏(Warren Buffett)식 장기 보유를
그대로 똑같이 따라 할 필요는 없다.

시장 전체와 관련해서
국내외 정치·경제의 변화를 항상 체크하고
국내 시장의 대표적인 성장 산업을 눈여겨본다.
우리나라 경제는 수출 주도형이어서
미국, 중국과 같은 경제 강대국의 영향을
많이 받는다는 점도 참고한다.

박스권 하단에서
성장하는 산업의 주식을
여럿 사두면 시간 여유가 생겨서
다른 일도 할 수 있어요.

아, 그래서
강의도
하는 거군요.

소문에는 100억을
운용하신다는데….

그리고 기대 이상의 수익을
올리기 위해서는
시장에서 유행하는
인기테마주의 발생-확장-축소
세 가지 과정을 통해
주가·수급의 움직임을
잘 살펴보는 것이 중요합니다.

그런 걸 염두에 두고 보면
인기테마주는
시간이 지나면서
계속 교체되지만
주가나 수급의 움직임에는
어떤 공통점이 있다는 걸
알게 됩니다.
재료와 함께 거래량, 변동성,
추세나 패턴 같은 것들로
변화를 판단하지요.

100억 맞습니까?

2000년에
IT가 떴다면
그 이후에는
바이오 헬스케어가
떴고요.

100억…
운용하신다는 것
맞냐고요.

최근에는
4차 산업 쪽입니다.

그런 산업을 발굴해서
투자하려고 했는데
제가 생각했던 것보다
수익이 크질
않더라고요.

얘기하기
싫으신 거구나.

나도
그 정도 눈치는
있다고….

규제·제도 미비 등의 문제로
제품·서비스 시장이 확대되지 않고
자본이 원활하게 유입되지 않아 발목을
잡고 있는 것이다.

아…
좋은 기술이 있다고,
가능성이 보인다고
무조건 넣으면 안 된다.

맞아요.
주의가 필요합니다.
성급하게 투자하기보다는
과정을 꼼꼼히 체크할
필요가 있습니다.

그래서
제가 잘할 수 있는 부분에만
투자를 합니다.

장이 안 좋으면 좋은 쪽으로
몰아넣나요?
빼버리나요?

뺍니다!

2018년의 경우
삼성바이오로직스 회계 문제,
노사 간의 갈등 등
코리아 디스카운트가 부각되며
투자하기 어려운 환경이
조성되더라고요.

하반기에는
미중 무역 분쟁이
본격화되었고요.

우리나라 수출입이
중국 의존도가 높은데 걱정입니다.
'고래 싸움에 새우 등 터진다'는 말이
생각납니다.

가을이 오기 전에
싹 빼냈습니다.

잘하셨네요.
그때 코스피 지수가
2,400포인트였어요.

곧바로 2,000으로 떨어졌지요.

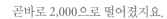

작년에 손실이
있었나요?

아뇨. 중장기 종목은
손실이 없었어요.
하지만 수익도 크질
않았어요.

지금은?

주식시장 전반의 비전이
아직 불분명하여
중장기 투자는
들어가지 않고 있습니다.

제 경험을 사람들에게
얘기해주고
싶어요.

시행착오는 줄이고
무모한 매매는
하지 말라고요.

'주식 서적을 그대로 믿지 마라.'
'언론 기사 내용을 그대로 믿지 마라.'
이런 얘기를 해주고 싶어요.

그러면
믿을 데가
없는 거네요.

현재의 경기를 판단하는 지표 중에
'경기동행지수 순환변동치',
'경기선행지수 순환변동치'라는
것이 있는데,

두 지표가 동시에
10개월째 하락 중이에요.
경기가 안 좋다는 거죠.

그런데 경제 기사를 보다 보면
고용이 잘되고 있으니까 경기가 살아날 것이라고
말하는 기사가 가끔 있다.

아무 경제 지식이 없는 사람은
좋다고 하니까 덜컥 주식을 산다.

국내 증시가 박스권에 있지 않고 성장하는 산업이 많다면
큰 문제가 안 되겠지만, 결과는 그리 좋지 않다.

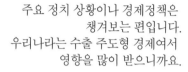

주요 정치 상황이나 경제정책은
챙겨보는 편입니다.
우리나라는 수출 주도형 경제여서
영향을 많이 받으니까요.

중국, 미국, 일본 시장도
들여다보시나요?

지금까지 투자해오신
얘기를 들어보면
큰 위기는 없었겠어요.

맞습니다.
무리한 투자는
안 하니까요.

간단하게
소수의 종목만 가지고 매매하는
방법이 있어요.

시기마다 평균 이상의 이익을 얻는
대표 우량주들이 있습니다.
최근 반도체 업종처럼요.
이걸 잘 선정해가지고…

① 국내외 여건으로 시장이 좋지 않으면 주가가 하락하길 기다린다.

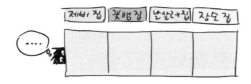

② 상황이 바뀌어 주가가 오르기 시작하면 골라놓은 기업 하나만 산다.

③ 어느 정도 오른 뒤 더 이상 오를 수 없다고 판단되면 판다.

④ 그 기업의 주가가 또 떨어지면 기다렸다가 반등이 시작될 때 산다.

⑤ 우량주를 택해서 우리나라 경기 사이클에 맞춰서
계속 사고판다.

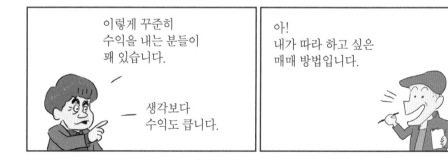

이렇게 꾸준히
수익을 내는 분들이
꽤 있습니다.

생각보다
수익도 큽니다.

아!
내가 따라 하고 싶은
매매 방법입니다.

관심 있는 기업의 주가가
어떤 이유로 움직이는지 알 수 있습니까?
추종 매수세의 움직임이나 변동성 그리고 추세를 판단하여
매수·매도의 타이밍을 알 수 있습니까?

그렇다면 단기 매매는 어떻게 해야 할까?
단기 매매에서 성공하는 데는
몇 가지 조건이 있다.

주식을 샀을 때
본능적으로 '빨리 팔아야 해' 하고
압박을 느껴야 한다.
단기 매매에 꼭 필요한 자질이다.

이런 사람들은 주식을 오래 보유하면
심장과 머리가 불편해지기 때문에
매수 뒤 얼마 안 돼
주식을 바로 팔려고 한다.
주식시장에서는 성격이 불같아 보인다.

매매가 시작되면 바로바로 매수와 매도를 끝낸다.
손실의 벽을 넘고 큰 수익을 내고자
전투력이 어마어마하게 강해진다.

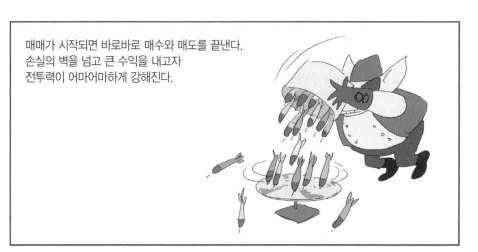

단기간에 높은 집중력을 발휘한 덕분에
강한 정신력으로 그 상황을 넘는 방법을
빨리 깨우친다.

성공 확률이 높아지는 기간이
남들보다 빨라진다.
적을 보고 물러서지 않는
임전무퇴의 정신력이
필요하다.

허나, 성격이 불같은 사람의 최대 약점은
실수해서 마이너스가 되었을 때
원금 복구를 위해 여기저기 마구 들이댄다는 것이다.

이럴 때 절대적으로 필요한 것은 절제하는 능력이다.
급하면서도 절제할 수 있는 성격은
큰 투자가 될 수 있는 중요 조건이다.

올인 한쪽
말았지?
만원 걸고

이런 유형이 실제로
주변에 여럿 있어요.
어려운 시장에서도 꾸준히
고수입을 올리고 있더라고요.

단기 매매를
하는 사람 중에
분노를
다스릴 줄 아는 사람은
거의 다 성공했습니다.

단기 투자자의 자질은
급해야 하지만
급한 성격 때문에
실수하게 되면
큰 손해가 발생합니다.

못먹어도
GO!

못먹을줄
알면서 GO?
바보중의
바보

투자자 대다수는 분노를 조절하지 못해서 실패한다.
이성을 잃으면 뇌동 매매자가 되고
결과는 고점에 매수하여 저점에 매도하는
악순환을 계속하게 된다.

강습하는 데 가면 분봉 차트 보기나
외국인의 매수 스타일 읽기 등을 가르치는데,
이런 기술들은 더하기, 빼기, 곱하기, 나누기 수준에
불과하다.

써먹어볼까 하는 미적분 수준의 투자 기술은
자기 분노에 대한 조절 능력으로 익힐 수 있는 것들이다.

나의 실수로 손해를 볼 수도 있고
시장의 변수로 손해를 볼 수도 있다.
크게 벌었어야 할 때 벌지 못했을 수도 있다.

이때 분노가 생길 수 있다.
이 분노를 누가 빨리 조절해서
원금 보전을 하느냐가 중요한데….

주식형 인간은 일정 시간 시행착오를 겪다 보면
시절마다 수익을 얻는 여러 가지 모델을 만들 수 있게 된다.
스캘핑, 추세 매매, 종가 홀딩 매매, 테마주 따라잡기, 스윙 등.

그러다 어느 날
자기 원칙을 무시하고 '몰빵'한다.

한탕으로 만회하려다가
3개월에 벌어들인 수익을 하루에 다 날려버린다.

그 이후로 판단이 흐려져서 거꾸로 매매를 한다.
조금 들어가야 할 종목에 많이 들어가고 사지 말아야 할 구간에서 사고
팔지 말아야 할 구간에서 판다. 상실감에 의한 분노 때문이다.

그러나 10m가 문제다.

몇 천에서 몇 억 벌어들인
모든 단기 투자자가 망하는 이유가 이것이다.

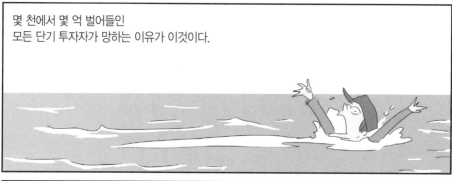

한편 수십 억 벌어들여
까딱없던 투자자들이 망하는 이유는 따로 있다.

그는 여태껏 습득한 기술로 시장에 잘 대응하고
자금을 잘 관리해서 승승장구하고 있다.

그런데 어느 순간
수익이 전과 같지 않음을 느낀다.

시장은 하루아침에 변하지 않는다.
특별한 경우를 제외하고는 완만한 곡선을 유지한다.

한번 기술을 습득하면
몇 달, 혹은 1년을 공부 안 해도
매매에는 문제없다.
단기 매매자의 기술은 강한 집중력으로
정해진 구간에서 매수와 매도를 반복함으로써 생기는
무형의 기술이다.
보이지 않지만 한번 생기면 오래간다.

그래서 공부를 게을리하다 보면 어느 날 매너리즘에 빠져버린다.
시장 변화에 대응하지 못해서 수익이 확 줄어든다.

수익이 안 나면
문제를 발견해야 하는데
벌었다고 한잔,
손해 봤다고 한잔.

공부를 장시간 안 하니
집중력도 떨어지고
분석도 잘 안 된다.

이때는
상실감이 아니다.
분노다.

(열고: 열불 나서 GO)

시장이 좋으면 '열고'도 통할 때가 있지만
시장이 나쁘면 안 통한다.

분노 조절 장애.

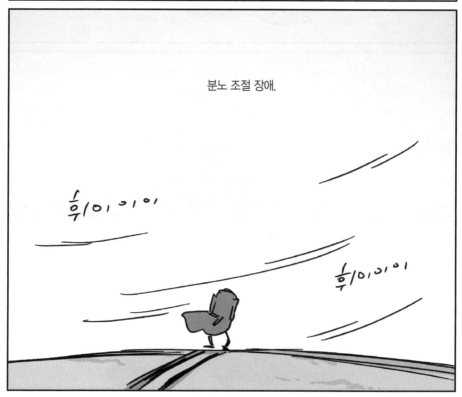

대부분의 일반 투자자가
오해하는 부분이 있다.
분봉 차트°와 같은 자료 분석만을
중요하게 생각하는 것이다.
작게는 현재가 창에서
매도·매수의 잔량 변화와 체결의 변화를,
크게는 과거 인기테마주의 공통점을
이해하지 못하고,
시장과 종목에 대한 연구도 부족하다.

이런 정도는
시중에 나와 있는 책에
다 들어 있다.

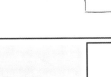

●분봉 차트
분 단위로 주가의 움직임을
봉 한 개로 알기 쉽게 나타
낸 표

자료를 분석하면 요술 지팡이 휘두르듯
'돈 나와라, 뚝딱!' 해서 수익을 낼 만한
대단한 기술이 나올 것 같지만,
주식투자는 그런 것이 아니다.

요술 방망이는
절대 없다.

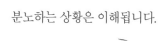

분노하는 상황은 이해됩니다.

성질나서,
단순 몰빵을 해서
망한 사람이 많은 이유가
분노 조절 장애
때문이었군요.

참는 자에게 복이 있나니
천국이 너희 것이니라.

교회 문턱도
못넘은 자가!

그런데 손절 폭을 정해놔도 손절을 안 한다.

여기까지
힘들게 벌었는데
어떻게 던져!
금방 만회할꺼!

대강 종목 분석만을 파악하고 난 뒤
매매에 들어간 투자자는 이런 생각을 한다.

투자자들이 망하는 주된 이유다.

처음에는 여윳돈으로 시장에 들어갔지만
이번에는 집 판 돈으로 덤빈다.

그러나 첫 번째 손절 못 한 사람이
두 번째라고 손절할까?

징검다리용 돌을 딛고 물을 건너면 꽃밭이다.

적당히 하고 말았어야 했다.

망하는 두 번째 이유는
매도·매수를 거꾸로
한다는 것이다.

많이 올랐을 때 사고
많이 빠졌을 때 판다.

망하는 지름길이다.

'탐욕 구간에서 매수하고
공포 구간에서 손절한다.'
유명한 격언이죠.

▶ 당일 매매의 탐욕 구간은
수 초 또는 수 분 안에
주가가 크게 상승하고
거래량이 크게 늘어나며
매도에 의미가 있는 큰 물량을 돌파할 때
강하게 나타난다.

▶ 장기 박스권 상단의 탐욕 구간은
언론에 대박의 기대감을 갖게 하는 기사가
자주 노출될 때 나타난다.
평소 주식투자에 관심이 없던 사람도
많은 사람이 주식투자로 돈을 벌었다는 얘기가
여기저기서 들리면
일부가 자연스럽게 합류한다.

망하는 단기 매매에는 두 종류가 있다.
탐욕 구간에서 매수한 주식은
순간적으로 주가가 내려갈 때 '어어!' 하다가
손절매 타이밍을 놓치는 경우가 많다.
결국 공포 구간인 바닥에서 손절매하여 손실을 확정한다.
반대로 바닥에서는 매도세의 공포 분위기에 눌려
매수를 주저주저하다가
주가가 탐욕 구간에 들어설 때 과감하게 매수한다.
거꾸로 매매의 달인이다.

최고점(탐욕 구간)

아마추어들의 '매수' 시점
선수들의 '매도' 시점

아마추어들의 '매도' 시점
선수들의 '매수' 시점

최저점(공포 구간)

아하~ 심리적인 면이
굉장히 중요하네요.

주식투자는 고도의 심리 게임이다.

변동성을 앞에 두고
매매하다 보니까
많은 변수를 생각하게 된다.

매수?
손절?
보유?
털어?
기다려?
일부매도?
물타기?

으아아!

흥분하면 보이는 게 없다.
본능이다.

바라나
모라나
수익만 내면돼!

단기 투자자는 뇌동 매매 이외에도
중요한 순간에 전화나 택배 방문, 컴퓨터 에러 등으로
잠시 한눈을 팔다가 눈여겨본 종목의 급등을 놓치면
순간적으로 당황하거나 화가 나서 '거꾸로 매매'를 하는 경우가 많다.
나는 과거 출근하기 전에 아내와 말다툼을 하고 나면
매매에 집중이 잘 안 돼 '거꾸로 매매'를 자주 하곤 했다.
수양이 부족했던 탓이다.

상승 추세 중에는 주가 떨어지는 것이 눈에 안 들어온다.
흥분하면 조급해져
순간, 가는 종목만 보인다.

더 많이 갈 종목, 순식간에 수익 많이 낼 종목,
한 방… 한 방….
그러나 인생에 한 방은 없다.

순간적으로 수익을
많이 낼 종목을 찾는 것은
상승할 만한 종목의 주가 조정을
기다리는 여유가 없기 때문이다.

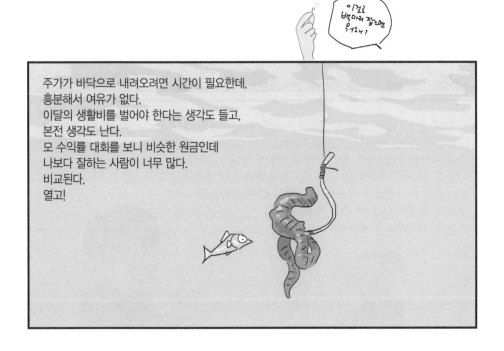

주가가 바닥으로 내려오려면 시간이 필요한데,
흥분해서 여유가 없다.
이달의 생활비를 벌어야 한다는 생각도 들고,
본전 생각도 난다.
모 수익률 대회를 보니 비슷한 원금인데
나보다 잘하는 사람이 너무 많다.
비교된다.
열고!

단기 투자자라면 특히 흥분하거나 화를 내서는 안 된다.
오기를 부려서도 안 되고,
더더욱 죄 없는 컴퓨터 화면을 나무라도 안 된다.
그래 봐야 결과는 뻔하다.

손실이 계속되면 그때는 설상가상 손실이 복구가 안 됩니다.
단기 투자자는 자리를 박차고 일어나
그 자리를 뜨는 것이 제일 현명한 행동입니다.
'오늘만 날이 아니지'라고 스스로 위로하면서 말입니다.
손실은 이러저러한 이유로 시도 때도 없이 찾아옵니다.
피할 수 없으니 적게 손실 봤을 때
도망가는 것이 최고겠죠!

시장이 갈 때는 실수를 해도 금방 만회할 수 있다.

고수들은 자기 본능과 역행한다.

옛날에 주식시장에 학생, 주부, 군인…
이런 계층이 나타나면 고점이라고 했다.

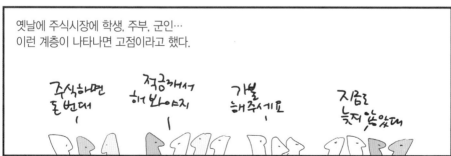

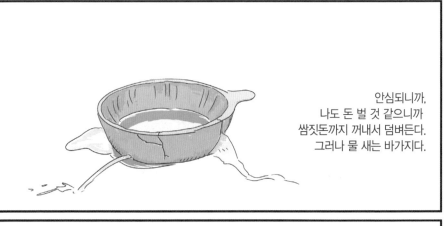

안심되니까,
나도 돈 벌 것 같으니까
쌈짓돈까지 꺼내서 덤벼든다.
그러나 물 새는 바가지다.

사람들은 국내외에
큰 사건이 벌어져 주가가 폭락하면
우리나라 경제가 다 망가지는 것이 아니냐고
우려하기도 하지만
단기간에 그렇게 될 리는 없다.

이럴 때 정부는
경기 부양책을 내놓는다.
그러면 경기가 살아나면서
주가는 올라간다.

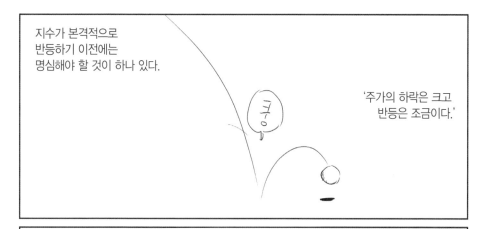

지수가 본격적으로
반등하기 이전에는
명심해야 할 것이 하나 있다.

쿠

'주가의 하락은 크고
반등은 조금이다.'

단기 투자자 입장에서는
어제도 주가가 많이 떨어져 싸 보였는데
오늘도 주가가 많이 떨어지니
매수의 유혹을 강하게 느낍니다.
바닥에서 제대로 매매를 해도
수익이 적은 구간에서 버틸 준비가 안 된 투자자는
'거꾸로 매매'로 큰 손실을 입을 수 있습니다.
증시가 빠질 때는
악재의 해소로 바닥이 확인되기 전까지
적극적인 매매는 자제해야 합니다.

사람마다 눈에 보이는 만큼의 매매가 있습니다.
현재 시장의 하락 이유와 당일 종목들의 움직임을
이해할 수 있다면 하락장이라도 매매가 가능한 반면,
시장의 분위기에 휩쓸려 갈팡질팡하고 있다면
효율적인 매매가 불가능하겠죠.
시장을 분석하고 확인하고 수정하는 과정을
매일 꾸준히 한다면 언젠가는 누구라도
매매의 질이 좋아질 것이라고 생각합니다.

매일매일 분석을
많이 해야겠네요.

ㅎㅎ

지금 하시는 일에 만족하십니까?

저는 후회는
잘 안 하는 편입니다.

잘 살고
있는 것이죠.

가끔 불편한 부분은 있습니다.

건강이요?

아뇨,
그것 말고요. ㅎㅎ

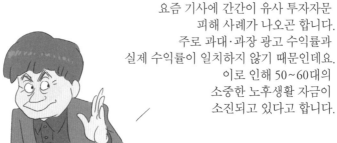

요즘 기사에 간간이 유사 투자자문
피해 사례가 나오곤 합니다.
주로 과대·과장 광고 수익률과
실제 수익률이 일치하지 않기 때문인데요.
이로 인해 50~60대의
소중한 노후생활 자금이
소진되고 있다고 합니다.

기존의 개인투자자가
종목 추천에 목매는 이유를 생각해봤는데요.

　1. 코리아 디스카운트
　2. 미국 주식시장의 10% 정도만 상승한 국내 증시에 미국 서적 내용을 그대로 적용
　3. 매매 기술의 부족(정신적인 면)

등으로 투자에 실패한 후 자포자기해
방송 전문가나 과대·과장 광고를 그대로 믿고
원금 회복에 나서고 있는 것이 아닌가 생각해봅니다.

지금까지 문제가 되었던 부분들을 나열하면
과대·과장 광고(공정거래위원회 소관),
환불 문제, 선행 매매(증권거래법 위반),
값싼 장외 주식을 고가에 매입하게 하는 문제 등
여러 가지 문제가 있었습니다.

아, 작전….

하락 장을 이기는 대가들의 명언

주가가 뚝뚝 떨어지면 투자자는 힘들어한다. 이럴 때 기본을 다시 한번 다지는 의미로 전설적인 투자의 대가 7인의 명언을 들어보자.

시장이 탐욕적일 때 공포에 떨고,
시장이 공포에 떨 때 탐욕을 가져라.

– 워런 버핏 –

주가 하락은
공포에 사로잡혀
폭풍우 치는 주식시장을 빠져나가려는
부화뇌동자들이 내던진 좋은 주식을
싸게 살 수 있는 기회다.

– 피터 린치 –

최적의 매수 타이밍은
시장에 피가 낭자할 때다.
설령 그것이 당신의 피일지라도.

– 존 템플턴 –

버블 없이 폭락 없고, 폭락 없이 버블 없다.

– 앙드레 코스톨라니 –

정치적 위기와 금융 위기는
투자자들의 주식 매도를 부채질한다.
위기에 매도하는 것은 분명히 잘못된 대응이다.

– 데이비드 드레먼 –

위기 때 돈이 약한 자에게서
강한 자에게로 흐르는 것은 시장의 자명한 이치다.
따라서 단련된 투자자는 안달복달하지 않고
느긋하게 주식을 보유하는 성품을 길러야 한다.

– 찰리 멍거 –

군중을 따라가지 마라.

– 필립 피셔 –

투자 대가들의 말을 종합해보면 위기를 기회로 바꾸라는 의미가 담겨 있다.

'비관론자는 모든 기회에서 어려움을 찾아내고
낙관론자는 모든 어려움에서 기회를 찾아낸다.'

환율 급등이 불러온 공포와 대응 방안은?

환율은 한 나라의 돈과 다른 나라 돈의 교환 비율을 말한다. 우리나라 기업이 미국에서 물건을 사려면 원화를 달러로 교환하듯이, 우리나라와 외국 간의 경제적 거래를 위해 돈을 서로 교환할 때는 환율에 따라야 한다.

화폐 가격은 외환 시장에서 상품에 가격이 매겨지는 것처럼 외국 돈에 대한 수요와 공급에 의해 오르락내리락하는데, 원/달러 환율의 경우 보통 경기 침체가 우려되거나 대외 불확실성이 커질 때 변동하는 경향이 있다. 상대적으로 안전 자산인 달러화에 자금이 유입되기 때문이다.

실제로 우리나라는 1997년 국제통화기금(IMF) 외환 위기와 2008년 글로벌 금융 위기 당시 원/달러 환율이 단기간에 큰 폭으로 급등해 큰 어려움을 겪은 경험이 있다.

그래서 환율이 급등하면 투자자들은 불안해하는 경우가 많은데, 환율과 증시와의 관계를 살펴보면 일반적으로 환율 상승은 주가 하락, 환율 하락은 주가 상승을 불러온 경우가 대부분이다.

이에 대한 이해를 돕기 위해 환율이 1달러에 1,000원일 경우, 1주에 5,000원인 주식을 10주 매수한 외국인 투자자가 있다고 가정해보겠다.

주식 가격이 올라 수익을 실현해 달러로 환전을 하려고 하는데, 만약 이때 환율이 1달러에 1,200원으로 상승하면 전보다 200원을 더 지불해야 달러로 환전할 수 있어 '환차손'이 발생한다.

그러면 외국인 투자자들은 환율이 조금이라도 더 오르기 전에 앞다퉈 주식을 매도하려고 할 것이고, 이에 따라 국내 증시에 외국인 자금 이탈 현상이 일어나게 된다. 따라서 환율이 급등하면 증시도 불안해진다.

다만 환율의 상승이나 하락이 경제 주체들에게 미치는 영향은 양면성이 있기 때문에 환율 변동은 그 방향보다는 속도가 중요하다.

전통적인 원/달러 상승 수혜주로는 '수출주'가 꼽히는데, 환율이 오르면 원화로 환산한 수출 단가가 올라 영업 환경이 개선될 수 있기 때문이다.

수출 비중이 높은 업종에는 디스플레이, 휴대전화 등 IT주와 자동차, 의류 OEM(Original Equipment Manufacturing, 위탁 생산) 기업 등이 있는데, 실제로 2008년 이후 원/달러 환율이 급등하면서 수출주들의 주가가 상승했다.

투자자가 환율 추이를 체크하는 것은 기본 중 기본이다. 대외 불확실성이 커지고 환율이 급등한다면 주식 비중을 줄이고, 수출주에 일부 분산하는 것이 현명한 방법일 수 있다.

주식시장이 잘 안 가면
불안한 투자자들은
여기저기 눈길을 돌립니다.

신문, 방송,
전문가들의 조언….

휴대전화에서
주식 사이트만 켜봐도
주식 종목을 추천하는 사람이
수십 명입니다.

이런 유사 투자자문업체가
작년에만도
2,000개 이상 있었어요.

유사 투자자문업체에 발을 들여 자문료를 내고 종목을 추천받아도
수익을 낸 사람은 조금이고 손실을 많이 본 사람들이 많다.

여윳돈으로 주식투자를 했으면
큰 상처를 입지 않지만
문제는 은퇴 자금으로 투자를 한다는 것이다.

특히 요즘은 은퇴를 일찍 하는데
경기 침체로 취직하기도 어려워졌다.

은퇴 자금과 부동산 등을 합한 순자산으로
남은 생을 산다고 계산할 때
현재와 같은 수준으로 지출하기는 어려워보인다.
미래가 당연히 불안해진다.

방법은 은퇴 자금을 이용해서 재테크를 하는 것이다.
사업과 부동산과 주식 중 골라야 한다.

이런 사정인데 주식으로 돈을 벌기는커녕
까먹고 있으니 미칠 노릇이다.

최고 전문가라 홍보하는 유사 투자자문업체를 끼고 있어도
수익이 안 나는 이유가 있다.

비싼 자문료를 지불했다는 심리 때문에
추천받은 좋은 종목을
한번 사면 팔지를 않는다.
손해가 나고 있는데도 놓지 못하고
끌어안고 있는 것이다.

테마주 같은 걸 추천받았는데,
테마주도 시간이 지나면서
거품이 빠지면 손실이 커진다.

결과는 처참하다.
개개인이 사고팔 능력이 없기 때문에 발생하는 일이다.

 투자자들은 좋은 주식 고르듯이
유사 투자자문업체를
잘 골라 이용해야 합니다.
언론에 무책임한 업체에 대한 기사가
종종 노출되는 것을 보면
주의할 필요가 있습니다.

살 때도, 팔 때도
책임지고 관리해줄
업체를 찾아야 합니다.

쉬운 일이
없구만….

지금까지
얼마나 수익을
냈는지는
묻지 않을게요.

그럼 뭘 물으시려고요?

99년 말에
주식을 시작하셨는데
100만 원 가지고
지금까지 버텨온
과정에 대해 얘기해주세요.

그때는 완전
하락 장이었어요.

하락 장 속에서도
추종 매수세가
살아 있는 기술주들은
당일 변동 폭이 심했어요.

저는 그때 추종 매수세가
살아 있는 종목
몇 개를 선정해서
회전 매매를 했습니다.
'떨어지면 사고, 오르면 팔고'를
계속한 거죠.

그랬더니
2000년 5월에
원금 대비 960% 정도
수익이 나더라고요.

**헉! 100만 원이
960만 원으로!**

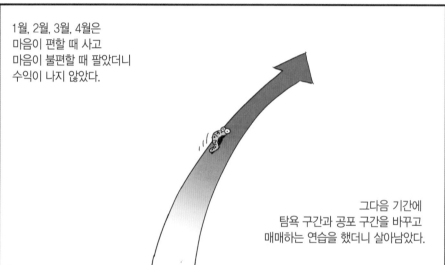

1월, 2월, 3월, 4월은
마음이 편할 때 사고
마음이 불편할 때 팔았더니
수익이 나지 않았다.

그다음 기간에
탐욕 구간과 공포 구간을 바꾸고
매매하는 연습을 했더니 살아남았다.

초반에는 금액이 적었으니까
회전율을 엄청 늘렸겠네요.

그 방법 말고는 없었죠.
나중에 알고 보니
'스캘핑'*이라
불리는 매매 기법을
제가 사용하고 있었던 겁니다.

● 스캘핑(scalping)
분·초 단위로 수십 번,
수백 번 이상 거래를
하는 초단타 매매 기
법. 거래량이 많고 가
격 변화가 빠른 주식시
장에서 주로 쓰인다.

그 거래 패턴을
어느 정도 금액이
될 때까지 계속하셨어요?

원금이 수억 원일
경우까지는
그게 가능합니다.

그런데 그 이상은 단기 매매로는
맞지 않는 것 같아요.

주가가 상승하면
이후에 하락이 꼭 옵니다.
하락 구간에 왔을 때
한번 실수했다고 흥분하면
손실이 확 커집니다.

매우 큰 금액은 필요 없다.
자신이 운용할 수 있는 최대치 금액을 정해놓고
그 안에서만 운용하면 된다.

시장이 좋으면 최대치 금액,
시장이 안 좋으면 좀 줄인다.

원금을 줄인다는 것은
욕심을 줄인다는 거죠.
욕심을 줄이면
시장 흐름에 순응하게 되고
분노할 일이 별로 없어요.

억 단위가 넘어가면서
투자 패턴이 바뀐 거네요.

'워런 버핏처럼
장기 투자가 왜 안될까'
하고 공부를 많이 했죠.

결국 세계 경제와
우리나라 경제가 같이 가는데
우리나라 경제는
약간의 디스카운트가
있다는 것을 알았어요.
그래서 잘 가지 않는 겁니다.

장기적으로 국내 주식시장이 상승하려면
기본적으로 국제 경기가 상승하거나
북한과의 대립 관계가 협력 관계로
대폭 달라지는 상황적 변화,
규제 혁신과 같은 경제 활성화를 위한
정부의 노력이 뒷받침돼야 한다고
생각합니다.

책에서 봤던 것과는
다른 측면으로 얘기를
많이 해주셨어요.

대한민국 주식시장이
아직까지는 상승 추세가 아니잖아요.
2,000포인트 부근에서 박스권 변동성인데
책은 이러한 얘기를 하지 않고
상승 추세를 얘기하죠.
그래서 실전에서는
책이 별 도움이 되지 않습니다.

독자들에게
만화를 본 소감이
어떠냐고 물어봤어요.

그랬더니
이런 질문을 했어요.

초보들의 질문 내용

1. 주식시장 침체 장에서 하지 말아야 할 것들이 무엇인가요?

2. 구체적인 진입 시점과 구간을 알려주세요.

3. 하락 추세에서 인버스* 등 파생 상품을 해도 되나요?

4. 정량화되고 정확한 패턴, 기법 등이 있나요?

5. 주식시장에서의 고점 신호와 저점 신호를 어떻게 파악할 수 있나요?

6. 잘못된 지식으로 학습된 매매 틀 때문에 효율성이 떨어집니다.

7. 자금 관리에 대한 이해가 부족합니다.

8. 매매 기법만 알면 시행착오 없이 수익을 낼 수 있나요?

● 인버스(inverse)
지수가 하락할 때 수
익이 발생하는 상품

초보자들은 일단
돈 많이 번 사람이
조언하는 걸
좋아하더라고요.

그래서 고심하다가
증거가 될 만한 것을
일부 가지고 왔습니다.

실전투자대회 수상 경력

2004년 키움증권 실전투자대회 키움상 수익금 1위 259%
2007년 키움증권 실전투자대회 1억 리그 1위 수익률 408%
2009년 키움증권 실전투자대회 1억 리그 1위 수익률 318%
2010년 키움증권 실전투자대회 1억 리그 2위 수익률 191%
2011년 미래에셋증권 실전투자대회 1억 리그 3위
2011년 키움증권 실전투자대회 1억 리그 1위 수익률 504%
2011년 미래에셋증권 TIGER ETF 실전투자대회 5000리그(총 6회 실시)
     1회 차 수익률 1위
     2회 차 수익률 1위
     4회 차 수익률 1위
2013년 미래에셋증권 TIGER ETF 실전투자대회 2000리그(총 4회 실시)
     2회 차 수익률 2위
     3회 차 수익금 1위
     4회 차 수익금 1위
2014년 미래에셋증권 실전투자대회 1억 리그 3위 수익률 62%
2014년 키움증권 실전투자대회 1억 리그 1위 수익률 139%
2015년 키움증권 실전투자대회 1억 리그 3위 수익률 189%
2016년 키움증권 실전투자대회 1억 리그 1위 수익률 126%
2017년 키움증권 실전투자대회 1억 리그 1위 수익률 599%
2019년 키움증권 실전투자대회 1억 리그 1위 수익률 210%

총 18회 수상

잘하시는 줄 알지만….

우와!

599%도 있어요..!!

과거에는 통정매매, 허수 주문 등
증권거래법을 위반하면서
수상을 하는 경우가 있었는데요.
요즘은 시장감시위원회에서
불건전 주문 여부 심사 후
시상을 해서

조금이라도 투자에
의심이 가면
수상 못 합니다.

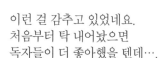

이런 걸 감추고 있었네요.
처음부터 탁 내어놨으면
독자들이 더 좋아했을 텐데….

초보 투자자들의 질문 중에
침체 장에 대한 질문이 있었는데요,
초보 투자자는 시장을 보는 눈과
대응하는 능력이 아직
부족하기 때문에
요즘 같이 대내외적으로
악재의 확장과 소강상태가
반복될 때는
쉬어가거나 소극적으로 대응하는
것이 좋습니다.

선불리 매수하지 않고
관망하다가
반전이 나오면 들어가야죠.

전(前) 저점이 2,000포인트니깐(2019년 기준)
그걸 확인하고 들어가야 한다.

2,150과 2,100포인트에서 매수하고
손해 볼 필요 없다.

개인들이 4월 중순
2,250포인트 부근에서 들어오기 시작해
6월 초까지 물린 것이 코스피와 코스닥에서
4조 원이나 된다.

어마어마하다.

기술적 반등, 고점 부근에서의 긍정적인 기사는
개인들의 매수 심리를 부추길 수 있다.
때마침 미·중 무역 분쟁, 경기후퇴와 같은 악재도
소강상태에 진입했다.

그런데 다시 격화되었고
주가가 빠졌다.

개인은 그동안 올라갈 때 못 샀으니까
눌림목 구간에서 매수하죠.
그런데 계속 빠져요.
이젠 물타기까지 합니다.

● 물타기(scale trading)

매입한 주식 단가보다 낮은 가격으로 추가로 주식을 사들여 평균 매입 단가를 낮추려는 행위. 매입한 주식의 가격이 하락해 손실이 커질 경우, 평균 매입 단가를 낮춰 손실 폭을 가능한 한 낮추려는 방법이다. 그러나 주가가 더욱 큰 폭으로 하락하면 손실이 더 커질 위험이 있다.

우리나라에서 주식투자를 잘하려면 효율적인 매매 기법을 한 가지 이상은 가지고 있어야 합니다.

허나, 매매 기법이 있더라도 원칙을 정해서 제대로 실행해야 수익을 낼 수 있다.

매도, 매수, 손절매 등 원칙이 확실히 정해져 있는 경우는 무조건 즉시 행동해야 한다.
주저하거나 머뭇거려서는 안 된다.

그리고 매매 기법에 충실하도록
높은 정신력을 항상 유지하고,
탐욕, 공포, 상실감 등
평정심을 무너뜨릴 만한 상황에 대한
대비책을 가지고 있어야 합니다.

초보가 가장 실수하는 부분은
분봉 차트, 캔들, 이동평균선, 패턴 등의 매매 방법으로
시장의 상황이나 종목의 흐름을 알아내지 못한 채
본인의 매매 기법이 전부라고 착각하는 것이다.

이것이 아니라고 빨리 깨닫는 투자자일수록
적은 수업료로 매매 기법을 깨달을 수 있다.

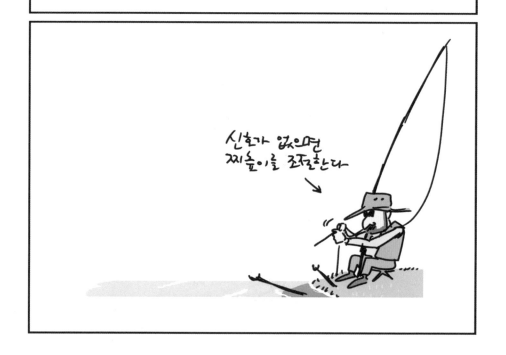

왜 잘못된 매매 기법에서
빠져나오지 못할까요?

이겁니다.

· 그동안 어렵게 배운 지식이 아까워서

· 가끔은 수익이 나기 때문에 앞으로도 혹시나 하는 마음에

· 주변에 크게 성공한 사람이 없어서
  (효율적이지 못한 방법이 고착화되어 있는 경우)

· 당신과 나는 상황이 다르기 때문에
  (나는 나의 방법으로 하겠다고 고집을 부리는 경우)

이유가 비슷비슷하다.

이럴 때 수익을 내고 있는 제가
방법을 알려주면
바로 해결될 수 있을까요?

그러나
대답은 항상
이렇다니까요.

좋은 말씀은 알겠는데요,
진짜를 알려주세요.
교양 말고 전공이요.

진짜 매매 기법을 알려줬는데
요술 방망이를 내놓으라고 한다.

물타기 하면
왜 안 되는 거죠?

물타기 하면
일단 매수가가
내려가잖아요.

우리나라 시장이 현재나 미래에
추세 상승 중이라면
물타기를 해도
어차피 오를 확률이 높기 때문에
큰 문제가 되지 않겠지만
지금까지의 결과로는
물타기의 긍정적인 부분을
얘기하기 어렵습니다.

물타기를 하면
무조건
마이너스예요.

주가가 10% 빠졌다고 하자.
밑에서 두 배를 사서 5%가 올라오면
0이 된다. 다행이다.

10% 빠져서 두 배를 샀는데
거기에서 또 10%가 빠졌다.
거기서 또 10% 빠지면 계좌 아웃이다.

원금을 거의 다 소진한다.

물타기는 잘해야 본전이다.

물타기는 그 이상
안 내려갈 것을
예상하고 하잖아요.

예상을 했지만
제대로 예상 못 한다.
개인들이 물타기 할 때는
급락 장이나 급락 종목에서
하는 경우가 많기 때문이다.

주가가 단기간에
많이 빠지면
시장주도주나 인기주들의
주가가 급락해
'야~ 이렇게 싸냐' 하면서
매수한다.
그런데 또 빠진다.
'어라.'
순간 당황하지만
주가가 하방경직을 보인다.
물타기다.
추가 매수.
그러나 주가는 야속하게 또 빠진다.

이런 종목을 보면
'사자' 쪽에 물량이 어마어마하게 쌓여 있고
'팔자' 쪽에는 물량이 적은 경우가 많다.
더 이상 급락이 없고 반등한다고
결론 내고 계속 산다.

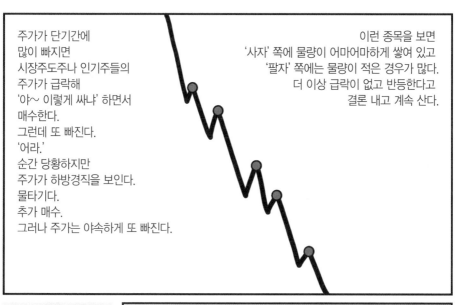

● 하방경직성
주가가 어느 선까지 하락을 하면 경험으로 학습된 투자자들의 매수세가 강해져 크게 반등하는 상황

물타기 하는 투자자는
싸다고 사는 것이 아니고
진짜 바닥이 나온 것 같으니까
산다.

그러나 그런 구간은 급락 구간이다.

떨어지는 구간에
반짝 반등을 보고
그것이 바닥이라고
착각하는 것이다.

요즘에도
이렇게 물타기 한 사람들이
많았을 겁니다.

박스권 때 매매의 핵심은
악재가 생겨서 빠질 때
박스권 하단까지 갈 것인지
조금 하락하다가 반등할 것인지를
예상하는 것이 중요합니다.

그런 걸 어떻게 아냐고….

악재가 커서 박스권 바닥까지 갈 것 같다고 보면
시장주도주나 인기주의 가격이
10%, 20% 빠지더라도 매수하면 안 된다.

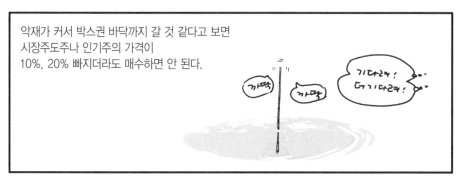

주가가 바닥권까지 가면 외국인과 기관들이
매도를 많이 했다는 증거다.

그들은 종목을 가리지 않고 판다.
시장의 불확실성이 커지면 좋은 종목도 판다.

그러니까 다 같이 빠진다.

좋은 종목이 많이 빠졌다고 매수하고
시간이 지나면 다시 박스권 하단에 떨어진 것을
확인하게 된다.

이번 경우도
2,000포인트까지
기다리세요.

"사고 싶어도 꾸욱 참으세요"라고 말하지만
미·중 무역 분쟁의 소강상태 진입이나
미국 금리 인하에 대한 기대감으로
지수가 순간 반등을 하면
저도 사실은
일부 분할 매수를 시작합니다.

그렇게 바닥권인지
어떻게 아냐고요.

어떻게
아느냐면….

시장에 영향을 미치는 국내외 정치 경제 기사를 매일매일 찾아보면서
분석·예측한다.

그런 다음 예측이 맞았나 틀렸나 확인한다.

맞으면 잘된 거고,
틀리면 왜 틀렸나 수정해야 한다.

그냥
넘어가는 것이
없어네요

이런 작업을 365일 계속한다.

매일… 분석, 예측, 확인, 수정.

잠좀 자자!

오늘 골프 못간다니까!
주식투자 안하는
사람이랑 같이가!

시장에 영향을 미치는
각각의 재료는
기간이 짧은 것도 있고
매우 긴 것도 있습니다.

그렇기 때문에
재료가 발생한 시점부터 종료될 때까지
시장과 관련 주식의 주가를
끝까지 살펴보는 것이 중요합니다.
어떤 것은 시작하자마자 끝나고,
계속 갈 듯한데 끝나기도 하고,
안 갈 것 같은데 계속 가는
경우도 있습니다.
재료가 시장과 주식에 정직하게 반영돼
눈에 쉽게 보이게 가는 경우도 있습니다.

이렇게 매일 훈련을 해야지
사냥감을 놓치지 않는다.

사냥감이 코앞인데
활을 만들고 있으면 밥을 굶는다.

주식 공부하듯
다른 사업을 열심히 하면
그쪽에서도 성공하겠지요?

저는 사업보다 주식 쪽이
확률이 높다고 봅니다.

매매 중간에 다른 분야에 들어가봤었는데요,
저는 사기당하기 딱 좋은 스타일이더라고요.
한마디로 '호갱'이라고 합니다.
그러나 주식은 승률이 높은 쪽으로 노력을 많이 하면
'호갱'은 벗어나는 것 같습니다.
요즘 시장이 침체 장인데
코스피 지수가 2,000포인트까지 떨어지나 안 떨어지나
또는 그 이상까지도 떨어지나를 살펴보고 있습니다.

그 틈에 끼인 한국은 처신이 힘들다.

시장에 장애 요인이 많아지면
기업의 의욕이 떨어지고 이익도 감소된다.
그러면 주식시장도 가라앉는다.
좋은 것은 하나도 없다.

이것도 멀다.

더 가까이 와야
성공 가능성이 높아진다.

시장의 하방 압력이 강하니까
2,200, 2,100포인트일 때도 안 담는다.
2,000까지 기다려본다.

나눠서 사야죠.
2,100일 때도 사고
2,000일 때도 사야죠.

지금은 악재가 계속 진행 중이라
분할 매수를 해도 위험관리 차원에서
조금만 담고 계속 분석하며
기다려야 하는 구간으로 봅니다.

전 저점 2,000이 최근에 있었는데
이전의 악재가 해소될 것 같아서
2,250까지 올라갔었다.

이제는 악재가 다시 확장되니까
다시 아래로 내려가고 있는 중입니다.

박스권 바닥에서 모든 종목이 반등하는 것이 아니니까
성장 산업 우량주를 찾아놔야 한다.

성장 산업 우량주는 제일 먼저 오르고 많이 오를 확률이 높다.
그러니까 성장 가능 우량주가 꿈틀거릴 때 매수한다.

이것이 독자들에게 권하는
매매 방법 중 하나입니다.

두 번째 방법은
스캘핑(초단타매매)입니다.

남들 앞에서 주식으로 돈 번 얘기를 하면
곧이듣지를 않아요.

정말?

에이 뭐···

그래서 작년 말에 두 개 계좌를 빼서
2년치를 공개한 적이 있습니다.

계좌가
몇 개나 되죠?

단기 계좌, 중장기 계좌,
그리고 파생 계좌를 따로 분리하여
여러 개를 가지고 있습니다.

중장기 계좌는 단기 계좌보다
수익이 많지 않았어요.
하락 장이었으니까요.

단기 투자는 항상 하던 기술이 있으니까 수익이 컸다.
2017년 15억, 2018년 15억.

100만원으로
이 바닥에서
컸으니까

일반인들은 주식투자자들이
대충 살면서 돈 버는 것으로
오해합니다.

저는 그 반대죠.
공부 피나게 합니다.

제 투자 방법을 100% 얘기해줘도
다 따라오지 못합니다.

많은 시간을 들여서
엄청난 노력을 해야 하는데
그걸 견디지 못하는 것이다.

필자가 강연을 할 때
꼭 하는 말이 있다.

필자의 만화 《꼴》은
관상 만화다.

맨 처음 관상 선생님을 뵈러 갔을 때

사람 얼굴이 보이려면
얼마나 공부해야 합니까?

3년은 해야지.

3년!
만화 한 편 그리는 데
소비하는 시간치고
너무 길다.

그래서 머뭇거리고 있을 때
관상 선생님의 결정적인 한마디.

관상 공부를
하든 안 하든
3년은 지나간다!

그렇다.
우물쭈물하고 있을 때도
시계의 초침은
잔인하게 돌고 있는 것이다.

좋습니다!
공부하겠습니다!

그로부터 매주 금요일 저녁 7시부터 10시까지
3년 반을 관상 공부하고 《꼴》 만화를 그릴 수 있었다.

그때 공부하지 않았으면
《꼴》 만화는 나올 수 없었다.

주식을 공부하지 않고 3년을 보내면
어떤 생활을 하게 될까?

주식투자가 적성에 맞는다면
코피 터지게 공부해야 할 것이다.

만화가의 입장에서 보면
주식시장에서 살아남는 방법이
만화 시장에서 살아남는 방법보다
더 쉬워 보인다.

만화가는 국내 단일 시장에서
다른 만화가들을 이겨낸
상위 5%만이 살아남을 수 있다.

만화 시장

주식시장에서는
드러내놓고 다른 투자자들과 경쟁하지 않고
투자자 각자의 투자 금액과 성과 목표에 따라 투자해
자립할 수 있다.

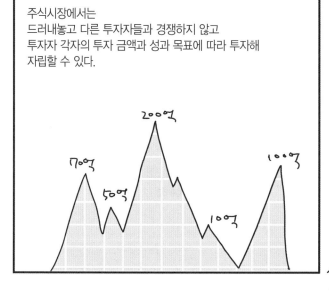

스캘핑 얘기하다가
옆으로 빠졌습니다.

마하세븐 한봉호의 스캘핑 기법 강좌

● 스캘핑이란
주가의 변동성을 이용해
아주 짧은 시간 안에 매매를 마무리하는 것으로,
하루에 많게는 수십 번까지 매매를 할 수 있다.
장이 끝날 때 주식을 보유하지 않고
당일 정리하는 것을 원칙으로 한다.

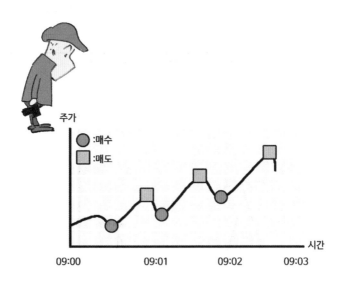

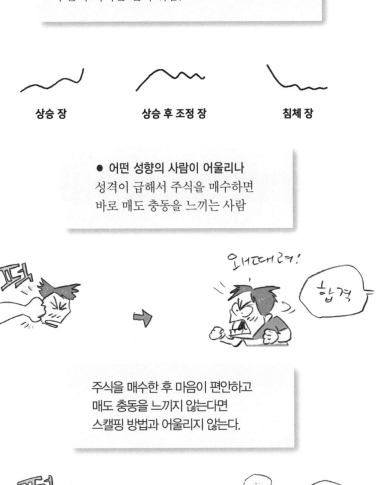

● 스캘핑을 하는 이유
상승 장 외에 주식시장이 조정 장, 침체 장일 때도
꾸준히 이익을 얻기 위함.

상승 장　　　　　상승 후 조정 장　　　　　침체 장

● 어떤 성향의 사람이 어울리나
성격이 급해서 주식을 매수하면
바로 매도 충동을 느끼는 사람

주식을 매수한 후 마음이 편안하고
매도 충동을 느끼지 않는다면
스캘핑 방법과 어울리지 않는다.

● **필요 장비**

19인치 모니터 한 대.
스캘핑은 고도의 집중력이 필요하므로
초기에는 여러 대의 모니터가 필요 없다.

● **물타기 방식**

처음부터 적은 금액의 100%를 전부 사용한다.
그러면 돈이 없으니 물타기를 방지할 수 있고
다음 순서는 매도밖에 없으니 손절매를 잘할 수 있다.
대부분 물타기를 하고 손절매를 잘하지 못해서
실패를 경험한다.

스캘핑에 적합한 투자자는
1~2년 하면 감을 잡고 수익을 얻는다.

● **필요 원금**

매매의 회전율을 높여 수익을 쌓아가는 방법이므로
초기에는 무조건 적은 금액(100만 원 이하)으로 시작한다.
규모의 경제를 생각하여 주식투자 원금도 처음부터
대규모로 시작하면 세금, 외국인, 기관, 개인 고수들에게
골고루 나눠주는 자선사업가가 될 확률이 매우 높다.

● 자부심

주변에서 스캘핑을 건전한 투자가 아니라고
무시하기도 한다.
그러나 타고난 성향이나 경제 여건에 따라서
투자의 다양성을 인정해야 한다.
스캘핑으로 수익을 낸다고 부끄러워하지 마라.
야구에 홈런 타자만 있는 것이 아니듯이.

● 매수

매수 이후 주가 상승의 1파 상승으로 매매를 마무리
한다. 주가 상승추세 구간의 눌림목, 박스권의 바닥,
상승추세가 살아 있는 하락 구간의 V자 반등 구간.

● 매도

매 초마다 매도세와 매수세의 대결을 지켜보다가
더 이상 상승 기미가 없으면 매도 시행.
매도를 잘못하는 투자자는
수익에 대한 욕심이 과한 경우일 것이다.

● 손절매

주식은 위험 자산이다. 위험한 곳에 투자하면서
손해를 안 본다는 것은 이치에 맞지 않는다.
위험을 피하는 기본 중의 기본은
손절매를 잘하는 것이다.

● 물타기

많은 투자자들이 손절매를 하지 못하거나
타이밍을 놓쳐 주가가 하락하면
물타기의 유혹에 빠진다.
물타기의 효율성을 따져보면
'잘해야 본전, 못하면 쪽박'이다.

● 스캘핑을 할 수 있는 종목 선정

• 추종 매수세가 몰리는 종목
• 거래량이 증가하는 종목
• 주가의 변동성이 커지는 종목
• 주가의 상승추세가 일정 부분 확연히 나타나는 종목

시장인기주가 스캘핑에 적합하다.
시장인기주는 업종대표주와 같은 우량주가 될 수도 있고
기대감 있는 테마주의 선도주가 될 수도 있다.
개별 종목도 가능하다.

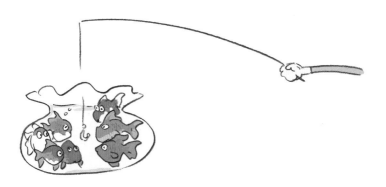

좋은 재료는 추종 매수세가 강하게 몰려야 한다.
시장은 이성적이기도 하고 비이성적이기도 하다.
변동성을 이용한 스캘핑 매매 기법은
비이성적일 때 많은 수익을 올릴 수 있다.

● 스캘핑 존(scalping zone)

스캘핑 존이란 스캘핑이 가능한 종목의 주가 상승추세 구간을
의미한다. 이런 구간의 캔들* 모양은 장대 양봉, 역망치형, 장
대 음봉 등이 주로 나타난다.

●주식 캔들(candle, 봉)
주식의 가격을 봉 형태로 나타낸 것

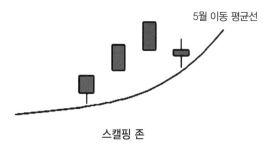

5월 이동 평균선

스캘핑 존

● 스캘핑 연습 방법

시장인기주의 스캘핑 존에서 정해진 매매 원칙을 준수하며 매
매를 한다. 종목이 교체되더라도 주가·호가 창의 움직임이 비
슷하므로 매매의 숙련도를 높일 수 있다. 가끔 시장의 침체기
가 길어지면 시장 인기주도 시들하여 매매의 연속성이 떨어질
수도 있다. 이럴 때 스캘핑의 매매 기법과 맞지 않는 종목*을
매매해서는 안 된다.

●충분히 분석되지 않고 주가·호가 창의 움직임이
눈에 익지 않은, 당일 움직임이 활발한 종목 등

● 연습 기간

스캘핑에 적합한 투자자의 경우, 보통 1~2년 정도를 정해진 틀에서 올바르게 연습하면 된다. 정해진 틀이란 스캘핑의 매매 기법이 잘 통하는 시장인기주의 스캘핑 존에서만 매매하는 것을 말한다. 비유하자면 고스톱 선수는 고스톱 판에서 게임을 해야지, 포커 판에서 게임을 하려고 하면 게임 자체가 안 된다. 주식매매 기법도 규칙을 지키면서 연습해야 한다. 스캘핑에 무언가 조금 부족한 투자자라면 시간이 더 걸릴 수 있으나, 높은 정신력으로 단점을 극복한다면 시간을 어느 정도는 단축할 수도 있다.

● 매매는 10호가 창에서

호가 창에서는 매도 잔량, 매수 잔량, 체결 물량의 변동을 실시간으로 보여준다. 스캘핑은 현재 상황에서 미래 1초 뒤의 주가를 예측하는 것이므로 호가 창의 변동을 분석하여 매매를 한다. 분봉 차트를 보면서 매매를 하는 것은 과거의 상황을 보고 주가를 예상하여 매매하는 것이기 때문에 한 타임 늦어 기회가 사라지고 실패할 확률이 높다. 이런 매매는 스캘핑이라 볼 수 없다.

- **시간대별 전략**

변동성이 한가할 때는 자리를 떠나는 연습을 해야 한다.

- **머피의 법칙이 발동될 때의 극복 방법**

컴퓨터와의 대화보다는 자리를 박차고 일어나라.

- **매매 기법은 항상 시간 날 때마다 스스로 세뇌할 것**

사람은 기계가 아니라서 매매의 오류가 많이 생긴다. 장전, 장후에도 높은 정신력으로 매매 원칙을 항상 되새긴다.

- **될 듯한데 돈이 부족할 때**

당장 나가서 직장을 구하라. 정상적인 노동 대가의 소중함을 느끼면서 정신력을 높여야 한다. 정신력이 부족한 경우가 대부분이고, 아니면 시장이 침체 장일 수 있다,

● 작게 성공했을 때 원금 관리로 살아남는 방법

시장이 과열되어 원칙을 철저히 지키지 못했더라도 기대 이상의 수익이 날 수 있다. 그러나 이때 시장이 하락 장으로 변하면 계좌가 다시 가난해진다. 이러한 경우가 많으므로 기대 이상으로 수익이 커지면 욕심을 버리고 계좌를 다시 초기화해야 한다. 계좌를 초기화하지 않은 상태에서 계좌가 가난해지면 상실감 때문에 매매의 원칙을 더 지키지 못하게 된다.

● 스캘핑 매매 기법의 응용

기간을 일봉으로 늘리면 된다. 재료의 확장·축소의 과정을 이해하면 된다. 스캘퍼가 당일 시장, 종목, 현재가 창을 분석했다면 장기 투자자는 시장, 종목, 수급 정도를 수치로 확인하면 된다.

좋은 결과
얻으세요

허영만의

주식
타짜

타이밍 승부사들

2

대구 1,000억 자수성가
주식 부자

손명완(대구 거주)

세광무역 대표

주식은
흐름에 맞춰서
매매를 해야
하는 기라요.

흐름에….
가치 투자를 말하는 건가요?
아니면 단기 매매를…?

예전에는 증권사 직원에게 전화해서 매매를 했지만
요새는 자기가 수시로 매매할 수 있는 환경이 돼가 있으니깐
빠르게 다른 종목으로 갈아탈 수 있지예.

내가 처음 주식을 할 때는
15개 종목을 5% 이상
장기 보유했었지예.

와!

그러나 그런 시기는
끝났다고 봅니더.

그때는 회사의 가치를 보고
투자했는데
요새는 가치는 어디 가뿌고
투기성이 강한 기라요.

후욱

외국인과 기관들이
막 사니깐
뭔가 있을 것 같아서
개미들이 달려드는데

그걸
널짜삐는 거지요.
개미들만 아파요.

널짜다: '떨어뜨리다'의
경상도 사투리.

그래도 가치 투자를 얘기하는
사람들이 많은데요?

지금은 가치 투자는
없다고 봅니더!

기관들도
가치 투자는 안 합니더.

우리가 왜 이렇게
빨리빨리 매매를
할 수밖에 없는 구조가 됐냐면
일단 수수료가 없어요.

증권회사 통하지 않고
모바일로 거래를 하믄
공짜인기라요, 공짜.

그러니깐 조금만 올라도 이익이 나는 구조다.

빨리 움직일 수밖에 없는 이유는
강한 호재가 안 붙고
작전 세력이 안 붙으모
상한가 간다는 기
진짜 빡시다는 거지예.

어제 경우도
사료주가 폭등했거든요.

그럴 때는
더 두고 봅니까?

아니요.
내는 다 빼뺏어요.
다 털어뺏다고요.
○○산업, ㅁㅁ사료, △△산업 등등.

오늘 싹 다 밀려뺏어요.

왜 이렇게 매매가 빠르냐 하면
단타족들이 많다는 것이다.

데이 트레이딩 잘하는 사람은
한 달에 1,000만 원, 2,000만 원 벌 수 있는 시장구조다.

가치를 보고 투자하모
절대 그렇게 벌지 못 합니더.

데이 트레이딩은
1억이나 2억 정도 운용하는데
그 돈은 퇴직금인 경우가 많다.

요즘은 나이 50이 넘으모
집에 가는 분위기잖아요.

그 나이에 직장 구하기도 어려우니까
주식매매를 집에서 하든지
주식방에서 하지예.

주식방이요?

서울에
그런 데가
있다 카대요.

주식하는 사람만
모아서 임대해주고
컴퓨터 한 대 주고
랜선을 잘 깔면
속도가 빠르다.
증권사 속도하고
거의 비슷하다.

데이 트레이딩은 빠른 매매를 해야 되니까
빨리 주문 옇고 간다 싶어 드갔는데
밀리면 바로 팔아뿌는 거지예.

옇다: '넣다'의 경상도 사투리

주식을 한 주도 남기지 않는
데이 트레이딩하는 사람들이
많다는 것이다.
내일이 불확실하다.

저는 가치 투자와
데이 트레이딩을
같이 하고 있어요.

상승추세 판단을 하는
기준이 있나요?

기준은 생각을
많이 하는 거지예.

모든 뉴스 매체에서
나오는 조그만
말 한마디라도
귀담아듣는 겁니더.

아무 생각 없이 들으모
정보를 얻을 수 없지예.

얼마 전에 중국 시장에서
돼지고기 값이 올라서
난리가 났었어요.

그런데도
우리나라는 꼼짝을
안 했어요.

그런데
나는 관련된 주식을
샀어요.

왜냐?
꼼짝을
안 하니까.

중국이 난리면
우리도 난리일 수밖에 없는 구조여서
나는 그걸 관심 있게 캐치하고
산 겁니더.

그때 옥수수 가격이
폭등했다.

돼지는 사료로 키운다.

옥수수다.

우리는 옥수수를
많이 재배하지 않으니까
전부 수입해야지예.

양돈 사업자들한테
큰 타격이 오지예.

그런 계산으로
사료 관련주를
매수했더니
폭등했지예.

와~

주가가 폭등할라믄
추종 세력이 있어야 합니더.

근데 세력이라는 거…
그건 주가 조작입니더.
불공정한 경기를 하는….

제가요, 금감원에서
조사를 세 번 받았어요.

세 번씩이나!

그런데 세 번 다
내 발로
걸어 나왔어요.

뭐라도 걸어서
집어영을라 카는데
걸릴 게 없거든요.

주식을 사놓고 팔았다 샀다 안 하고
대기하고 있었거든요.

손명완 씨는
뉴스 보기를 생활화한다.

한번은 뉴스에
식물 공장이라는
얘기가 나오드라고예.

나는 식물 공장을
5년 이상 공부했다.
식물 공장이란
대도시의 유리 건물 안에
LED 전구로 불을 켜서
식물을 키우는 것이다.

농촌으로 가지 않고도
대도시에서 농업이 가능한 구조다.

뉴스에 그 식물 공장이
활성화될 움직임이
있다는 겁니더.

재빨리 LED 전구
생산 업체에
투자했습니더.

급등하대예.

팔아서 재미 좀
봤지예.

그 뒤에 따라온
사람들은
다 물리뿟어요.

그캐봐야
6000, 7000만 원 정도
먹었지예.

그캐봐야
6000, 7000?

제가 관리하는 종목이 80개입니더.
그카니깐 그 정도는 암것도 아니지예.

아유~ 많이
관리하시네.

이런 질문 안 하고 싶은데
독자들이
제일 원하는 것이거든요.

운용 금액요?

예.

지금은 한 250억
정도입니더.

으윽!

그전에는
1000억 운용했지예.

으으으윽!

거짓말 같응교?
보여줄게예.

봐라.
내 컴퓨터하고 마우스
일로 갖고 온나.

그럴 것까지야….

1000억 할 때도
관리 종목이
60개밖에 없었는데,
250억으로 80개 관리?

왜 그렇게 할까요?

집중투자를 하면요,
종목이 적어가꼬
신경 안 쓰고 좋지만
그중 몇 개만 안 움직여도
골로 가는 수가 있는 기라요.

회사는 좋고 저평가되었는데
때려죽여도 안 가는
종목이 있지예.

나도 경험이 있습니다.
○○은행.

은행주는 절대
사지 마세요!

은행주 좋아하는 사람들은
배당도 받고
주가도 상승하는 걸
기대하는데

주가는 콘트리트에
발 박아놓은 것처럼
안 움직이고
배당은 기껏
3%, 4%입니다.

그럴 꺼면
그냥 은행에 옇지
와 주식을 삽니꺼?

와 대형 은행주 하지 말라 카면은 구조상 빨리 움직여야 하는 테마가 없는 기라요.

외국인이나 기관들이 집중적으로 매수를 안 하는 이상은 안 움직인다는 거지예.

대형주는 느긋하게 기다릴 수 있는 돈 많은 사람들이 하는 겁니더.

채권은 기관들이 많이 하고예.

기관들….
그쪽은 해도 돼요.
왜?

그쪽은 1000억씩
막 때리뿌잖아요.

1%만
무도 10억
묵잖아요.

무도: '먹어도'의
경상도 사투리

은행주 사는 사람보고
그건 왜 하냐 물어보믄….

안전하잖아.

이카는 기라.

이카는 기라:
'이러는 거야'의
경상도 사투리

주식에서
안전 따질라 카믄
안 사는 게
제일 안전하지예.

아, 왔구마이.

이거 보이소.
지는예 빠르게
매매해야 하니까
50억, 100억씩
투자할 수가 없습니다.

조금씩 투자해야
매매가 가능하니까예.

주식이라는 건
가다가 밀리다가를
계속하잖아예.

가지 싶어 갖고 있으모
'어, 어, 어' 하는 사이에 코피 나고,

손절할라 카다가
조금만 우물쭈물하모

20%, 30%
깨지는 기라요.

바이오주는
안 하세요?

한때 했었지예.

근디
바이오주 가격이
어느 정도가
적당한지
알 수가 없는 기라요.

특별히 이익도 나지 않는데
사람들이 막 드가드라고.

바이오주가 폭등해서
난리가 났었잖아요.

2004년, 2005년 이때는
지수가 올라가면
돈이 같이 움직였다.

그런데 3년 전부터는
업종별로 움직였다.

바이오면 바이오,
돼지면 돼지.

3년 전에 약국 차릴 만큼
제약주 26개 종목을
80억 들여서 샀었지예.

그해에 난리부르스가
났었어요.
1,000원짜리가 만 원 가고….

난 대형주 아니면
다 샀어요.
1,000원짜리,
2,000원짜리 이런 거.
소위 말하는
동전주.

거기서 120억
벌었지요.

와!

더 갔었으모
500억 벌었을 기라요.
그때는 그랬다니까요.

나는 어느 정도까지 가서
됐다 싶으모 손 터는 기라요.
상투 꼭대기까지 가면 안 됩니더.
매매 시점을 놓치지 않는 게 중요하지예.

오늘을 봅시데이.
선풍기 만드는 회사예요.

내가 1,600원에 팔았는데
점점 더 가더니
1,800, 1,900, 2,000까지
가드라고예.

그때 애널리스트가 떠억 나와서
'목표가 3,000원' 이카드라고.

이기 웃기는 겁니더.
기관들이 사니깐
털고 나오려고
개미들 꼬시는 겁니더.

그 주식이
3,000원 갈 리
없거든요.

그 회사 영업 이익이 120억 났어요.
사상 최고치 이익이에요.
다른 중소기업도
그 정도 이익 나는 곳 많지만
그렇게 안 갑니데이.

손 사장님은
홍분을 잘하시네요.

홍분 안 하게
됐습니꺼?

그러지 말고
주식 처음 시작할 때
얘기를 해주세요.

아, 예.

제가 중소기업을
전전하다가
IMF 때는
섬유회사 경리로
있었어요.
31살 때입니다.
지금은 56세고요.

경리는
안 어울릴것
같아요

거래 회사한테
약속어음 끊어주모
현금이 급한 회사는
이자를 좀 떼어주고
현금으로 바꿔 가는 긴데
내가 그걸 좀 했지예.

'어음 와리깡'*이라
하는 거죠?

그걸로 용돈 잘 쓰고 있다가
'60살이 되모 나는 어찌 될까'라는
생각을 해봤어요.
깝깝하데예.

그래서 주식에 관심을 가졌죠.

● 어음 와리깡
(일본어, 속어) 우리말로 '어음할
인'. 어음에 적힌 금액에서 선이
자를 뗀 금액을 현금으로 바꿔
주는 일을 통칭하는 말.

그런데 캄캄합디다.
진짜 열악하더라고예.

기업 정보 분석하는
책이 있나.

뉴스도 인터넷도
깜깜이고….

멋모르고 인터넷 전화로
매매를 했드만
전화 요금이 26만 원이
나와뿌데예.

그케도 주식으로
수익이 생기면 되는데
어디 그게 맘대로 됩니꺼?

순식간에 3억 까묵었어요.
집까지 다 팔고
완전 걸뱅이 돼뿌렀어요.

제가 성질이 좀 거시기 하거든요.
급해요.

이것이 주식하는 데
도움이 안 되더라고예.

왕년에
권투선수였다

괜찮다 싶어서 샀다가
금방 안 가면
후딱 팔아치워버리고를
몇 번 하면
남는 게 없지예.

게다가 마누라한테 생활비 줘야 하니까
'원금 까먹으면 안 된다' 그러니까
더 급해지지예.
무리하게 베팅한다꼬예.

미수도 막 했죠.
2000만 원이 1주일 만에
없어져요.

다 까묵고 집을 나와서
원룸에서 생활했어요.

그래가 돈을 좀 모아서
8000만 원으로 다시 주식을 했는데
그놈의 무역 센터가…
9·11 테러 사건!

또 폭삭했지요.
또 다 까묵었어요.

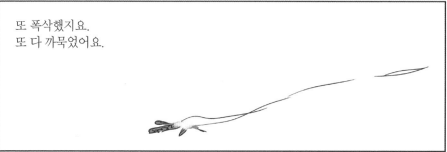

주식에 신물이 나더라고예.

20년 전 어느 날

다니던 회사가 원사하고 기계를 파는 회사였는데
원사 팔러 가는 걸 따라가봤지예.

그런데 이것이 마진이 50%나 되는 것이었다.

이것 봐라.
거저 빨겠는데….

그카면 뭐 합니꺼?

밑돈이 없으니
아무것도 못 하는 걸.

하는 일마다 깨지니까,
하도 답답하니까
유명하다는 점쟁이들 다 찾아갔어요.

무역 해라.

만화 그려.

캬바레가
답이여.

전부 다 말이
틀린 기라.

그런데 고성동에 있는 노인의
말이 귀에 쏙 들어왔다.

39살까지는
숟가락만 가지고
있을 거다.

지금 38살인데….

자네는 40이 넘어야
술술 풀려.

40살 때 회사를 그만두고
모아놓은 3000만 원으로
회사를 차렸다.

50% 먹는 걸
10%만 먹으면은
되겠지.

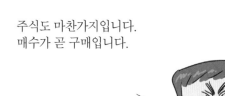

주식도 마찬가지입니다.
매수가 곧 구매입니다.

매수를 잘하려면
구매, 즉 원사를 얼마나
싸게 사느냐가
중요하지예.

자본이 달리니까 원사를 조금씩 사고팔다가
전국의 원사 공장을 뒤져서 제법 많은 양을
싼 가격으로 구매했다.

그걸 대구에서 집중적으로 공급했다.

오, 이거
다른 데보다 싸네.

제품도 좋습니다.

첫해 12억 매출을 올렸다.
10% 마진이었으니까
1년에 1억 2000을 벌었다.

그다음 해엔 24억 했고
4년째는 68억 매출을 올렸다.

와아~
급성장이네요.

출근 때 뉴스를 들었다.
미국 북부 지방에 태풍이 와서 홍수가 났고
원주민의 피해가 이만저만이 아니라는 것이었다.

미 북부면
목화 재배 지역이다.

카면 원사 값이
오르겠다.

원사에 베팅했다.

이익 중 일부를
주식에 넣었다.

그 후 주가가
폭등하고 있었는데
내 주식만 제자리였다.

매도하지 않고 기다렸다.

7개월 만에 1,000원짜리가 3,200원까지 갔다.

그때 단 9억을 챙겼다.

80억 이상 수익이 있었는데
2008년 금융 위기 때 박살이 났다.

아침에 눈뜨기가 싫었어요.
매일 하한가….
하한가….

남은 주식을 처분할까 말까 하는데
연락이 왔다.

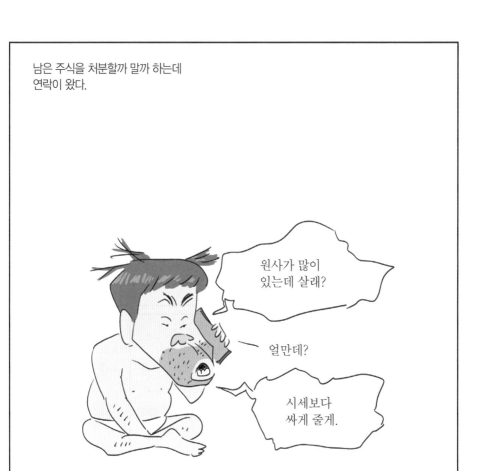

주식을 처분했다.

주식은 수익이 불확실하지만
원사는 당장 수익을
낼 수 있으니까!

가지고 있던 주식을
하한가를 세 번씩 맞아가면서
투매*했다.

● 투매
손해를 무릅쓰고
주식이나 채권을
싼값에 팔아버리
는 일

그 돈으로 원사 장사를 해서 수익을 내고 있을 때
뉴스에 미국에서 주식이 세일 중이라고 떴다.

밥이나 묵고
티비 보소.

미국이 주식을
세일해요?

미국 주가가
70% 정도 떨어졌다고
하더라고요.

주식시장은
악재가 나오면
계속 주가를
떨어뜨리잖아요.

그러다가 어느 날
호재가 생기면
주가는 폭등합니다.

3개월 동안 투자가들의 넋을 빼놨으니까
시장이 완전 바닥이었다.

코스피 지수가 970포인트까지 떨어졌을 때 들어갔지예.
계속 사고, 대출해서 사고…

그해 2009년에 100억 챙겼다.

새끼들 내가 맡끼논 돈
다 갖고 온나!
우하하하하!

내 ××금속
얘기 한번 하께요.

집중적으로 투자했다.
××금속 발행주식의 5% 이상 취득해서
대량보유 보고(일명 5% 룰)도 했다.

여기는
내땅

계속 매수하는데 주가는 계속 올라가고….
결국은 34%의 주식을
보유하게 되었다.

투자 금액이
400억에서 500억 사이였어요.
당연히 최대 주주로
변경이 되었지예.

그런데 말이죠.
최대 주주가 돼뿌니까
무슨 일을 하모
나한테 동의를 받아야 하는 일도
동의를 받지 않는 겁니더.

법으로 정해져 있어요.
주식을 3% 이상 보유하모 회계장부를 열람할 수 있고
5% 이상 보유하모 임시 주총을 요청할 수 있는데
하나도 통하지 않는 겁니더.

삐걱대다가 결국 3일 후
1380만 주를 손절매했다.

그때 ××금속 때문에 금감원에서 조사를 받았지만
주가조작도 문제없고 털 게 없으니까
아무 탈 없이 넘어갔다.

나도 손해 났는데 뭘….
건들 게 뭐 있노.

나는 이익이 나는 기업에 투자합니더.
기업 가치를 보는 거지예.

그랬는데
잘 뜨지 않는다면
어떡합니까?

뭐 한 군데만
박아놓은 건 아니니까
괜찮습니더.

오르는 것도 있고
안 오르는 것도 있지만
내가 판단을 했으니까
기다리는 거지예.

아까도 말씀드렸지예.
주식투자하려면
뉴스를 많이 봐야 합니데이.

눈만 뜨모 공부합니더.

특히 중국 선물 차트를 자주 보는데
우리나라는 원자재가 부족한 나라여서다.

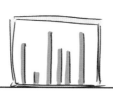

원자재의 수급 변동, 가격 변동에 따라
우리나라 주가가 움직인다.

요즘은 철강 쪽에
관심을 가져야 합니데이.

중국이
경기 부양을 위해서
SOC 사업을
추진하잖습니꺼.

● SOC (Social Overhead
Capital)
사회간접자본. 산업 발전의
기반이 되는 여러 가지 공공
시설

우리나라도
경기 부양을 위해서
건설 SOC* 사업을
추진하고 있지예.

교량, 도로, 항만….
이런 쪽이기 때문에
SOC 사업을 엄청나게 벌이고 있어요.

철광석 가격이
움직이고 있습니다.

포스코도 연료 강판,
대열 강판의 가격을
인상했고요.

미세먼지에도 관심을 가져야 해요.

미세먼지를 잡기 위해서 굴뚝에 매연 저감 장치를 만들고 있습니다.

분명히
저거 가겠다.

주가 5,000원이 7,000원 됐다.

껄껄껄

뉴스에서 힌트를 얻고 시장에서 소외되고 있는
작은 주식을 중심으로 매수한다.

남들은 '잡주'라고 하는데,
그게 그렇지 않습니데이.

저번에 TV에서 "잡주는 상대하지 마라"라고
나오는 기라요.
나한테는 웃기는 소립니데이.

'잡주'가 '잡초'처럼
생명력 강하고
더 오래 산다고예.

대형 회사들은 규모가 크니까
경영상 엉성한 곳도 있지만
조그만 회사는 피 터지게 일합니다.
이것 하나뿐이니까,
이것 깨지모 전부 죽으니까.

대형주라고
안전한 줄 아십니꺼?

○○중공업이 8,000원 돼삐고
◇◇산업이 1만 원이 돼삐써요.

잡주는, 다시 말해 소형주는
전체 규모가 작고 금액도 적으니까
방귀 소리만 나도 확확 달라집니데이.

ㅅㅂ, 언 놈은 주식은 사는 거지
파는 게 아니라고 했습니데이.
ㅅㅂ놈아!
미국에서는 그라는지 몰라도
한국에서는 택도 없따.
한국은 새끼야,
워런 버핏도 포스코 팔고 나갔다.
사는 거지 파는 게 아니라꼬?
그럼 언제 파노 ㅈ만아.
맨날 ㅅㅂ 쥐고만 있을래?

하하하,
증말 욕 대장이시네.

내가 암만 그케도
서울 사람들
1,000원짜리, 2,000원짜리
안 살 걸요?

내 예를 하나
들께요.

최근에 900원짜리를
매수했는데
LPG 주유 관계
회사예요.

그 회사가
LPG 차량 판매가
국회에서 통과되어가꼬
주가가 폭등했어요.

난 이유 없이 투자 안 한다.
남들보다 미리 내다보는 기다.

유럽에서는 5년 전에 LPG 차량이 엄청나게 팔렸다.
그런데 우리는 팔다가 중지시켰었다.

LPG가 많이 팔리면
휘발유가 안 팔린다.
휘발유는 세금이 90%다.
세수에 영향이 크니까
중단한 것이었다.

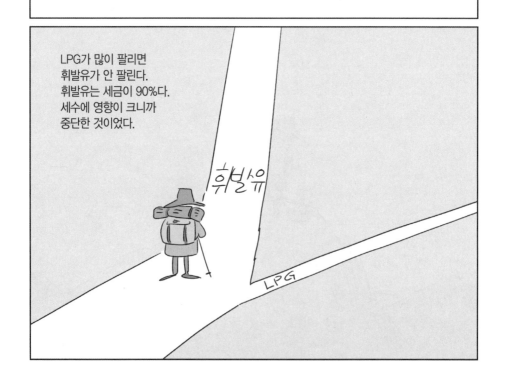

갈 놈은 다 갔어요.
따라가지 마세요.

SOC 사업과 관계있는
철강 쪽에 투자하라니까요.

이메일은
요거 맞죠?

맞는데
이메일 안 봅니더.

나중에 그림 그리고 나서
고칠 게 있나 보여드리고
연재할 거그덩요.

문자를 먼저 주시면
들여다보겠습니더.

문자 먼저….
나랑 같구나.

욕을 하도 많이 해서리
욕 빼면 연재할 것이
있을지 모르겠습니다.
긴 시간 고맙습니다.

대구 오시모
연락 주이소.

허영만의

주식
타짜

타이밍 승부사들

3

단일 계좌 10억 달성
단타 귀재

설산(가명)

주식과 건강을 바꾸다

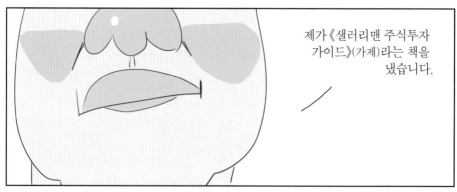

제가《샐러리맨 주식투자 가이드》(가제)라는 책을 냈습니다.

책을 출간하고
크게 느낀 것이 있는데
"돈 걸린 일에는
함부로 나서지 말라"였습니다.

저는 좋은 의도로 썼는데
받아들이는 방법이
여러 가지였어요.

당신이 하란 대로
했는데 안 되더라.

너 만나면
가만 안 두겠다 등등.

그래서 제가 알려지는 것을
원치 않습니다.

알았어요.
안 알려지게 쓸게요.

ㅎㅎ.

ㅎㅎ.

주식은 언제부터 시작했죠?

2015년입니다.

얼마 안 됐네요.

기간은 짧지만
저는 초단타 매매를 하니까
가치 투자하는 분들보다
매매 횟수는 몇 배 많을 겁니다.

오늘 사서 오늘 팔고
오늘 사서 내일 팔고….
최대 보유 기간이 5일입니다.

2018년 상반기에는
33억 끊었죠.

와~

〈6000만 원〉의
하웅 씨가
저하고 스타일이 비슷한데
그분은 큰 종목들도
매매하시더라고요.

저는 시총이
2000억 넘는 것은
손대지 않습니다.

지금 직장
생활하시잖아요?

그런데 어떻게
단타 전문 주식투자와
회사 생활을 병행할 수 있죠?

그래서 그 글을 쓴 것입니다.
직장을 다니지 말라는 것이
아니라 투자와 연결되어 있는
직장을 다니라는 것입니다.

기자 생활을 할 때 정보에 눈을 떴고
뉴스를 다 봐야 했고
홍보 팀으로 옮겼을 때는
좋은 뉴스를 스크랩하고
안 좋은 뉴스는 말고….
이런 회사 일이 주식투자와 맞닿아 있었던 겁니다.

그 회사 경우는
출퇴근이 자율제였어요.

맘대로죠.

다른 직원들
10시에 출근할 때
저는 훨씬 일찍
출근합니다.
오늘은 3시 50분에
출근했습니다.

나보다 더
아침형 인간이네요.

아침에 일찍 책상에 앉으면
남들보다
시간을 많이 버는 것입니다.

맞아요.

시장은 아침 9시부터
10시까지가 중요한데
그 시간을 완벽하게
확보하는 거죠.

시간 여유가 있으니까
제 회사도 만들고
이 회사, 저 회사 투자도 합니다.

바쁘게 사시네.

운용 금액은 어느 정도죠?

왔다 갔다
합니다.

처음에는 500만 원에서
1억 넘기가 되게 힘들었어요.

그러다가 1억 넘고
4억이 되니까
단타는 못 하겠다 싶었어요.

그런데 해보니까
10억까지 갈 때도 되더라고요.

그 이상은
정말 무리일 거라 봤는데
그렇지 않았습니다.

1억이나 2억, 3억 가지고
단타를 할 때는
예수금이 부족할 때가
더러 있었는데
10억이 넘고 나서는
예수금이 부족한 적이
없었습니다.

● 예수금
주식 거래 시 매매
결제 대금으로 사용
하지 않고, 자신의 증
권 계좌에 입금되어
있는 금액

30억이 넘고서는
버거워서 많이 줄였고,
지금은 장이
매우 불안정하니까
1억까지 줄일 겁니다.

나는 들어가고
빠지는 것에 대한
확신이 없으니까 머뭇거리다가
타이밍을 놓쳐버립니다.

그래서
저는 체계화를 했습니다.

매일 아침 오늘 벌어질 일들을 정리해서
오늘의 예언 같은 것을 만든다.
금요일에 쏟아지는 이슈를 참고해서
금요일 3시 반부터 다음 주 월요일 새벽 5시까지
일주일 일정을 정리하고
월요일 3시 반부터 화요일 새벽 5시까지
나와 있는 이슈를 다 정리한다.
일정, 차트상 관심주, 국제나 대북의 국방 세션, 정부 정책,
개인 관심주인 바이오, ASF, 수소,
맨 마지막에 정치, 기타….
오늘 반영이 안 되더라도 내 머릿속에
이슈가 들어 있는 것이 중요하다.

어제 금요일에는 문재인 대통령의
교육정책에 대한 발표가 있었다.

우리나라는 자식 문제랑 결부되면
경기가 일어난다.

자녀 교육 때문에 부동산 가격이 들썩거리니까
부동산과 교육과 관계있는 주식을 살펴본다.

또 바이오 주식에서
작년 3월에 임상 2상, 3상이 실패했다고 발표했는데
10월에는 성공이라고 발표했다.

그날의 테마는 치매였다.

바이오 공부를 많이 하고 있었는데,
치매의 기준에 문제가 있는
베타 아밀로이드를 기준으로
신약 개발을 하고 있었다.

그것이 임상 실험에 실패하면서
전부 망했는데
다시 성공했다고 하니까
시장이 뒤집어졌다.

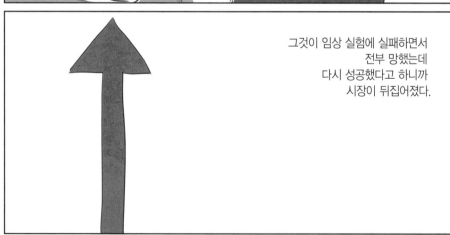

그래서 제가 제일 중요하다고
생각하는 것이 이것입니다.

트렌드에 속해 있는 것을 거래해야 한다!

모두의 입에 오르내려야
주가가 움직이고,
많이 살 수 있고,
손절도 빨리할 수 있다.

이런 것을 매일 정리하는 것이다.
하루도 빼지 않고.

엄청나게
공부하는 겁니다.

《샐러리맨 주식 투자 가이드》는
대놓고 단타 하는 내용이라서
가치 투자자들은
저를 되게 싫어합니다.

하지만 대한민국에서는
가치 투자가 어렵습니다.

미국 시장은
2008년 리먼 사태 때도 올라갔어요.
한 번도 떨어지지 않았어요.

한국은 어떻습니까.
올라가다 떨어지고
올라가다 떨어지고
계속 박스권에 머물러 있어요.

한국에서 가치 투자 할 수 있는 곳은
제약과 식음료밖에 없습니다.

가난해도 약은 사야 하고
밥은 먹어야 하니까요.

바이오, IT, 게임, 수소차, 전기차
이런 것은 단기 투자 세력들이
들락날락하니까 조심해야 한다.
들어갔다 팔지 못하면 물린다.

!!!!

아르르

그런 얘기는
투자자 대다수가
하더라고요.

"미국 시장과
우리 시장은 다르다."

회사에 다니고
벌어놓은 돈도 있으면서
계속 주식을 하는 건 왜죠?

저도 그것 때문에
고민을 많이 합니다.

일하지 않고
편히 살면 될 텐데
왜 이걸 하고 있을까.

일단 제가
워커홀릭 기질이 있습니다.
가만히 있지 못합니다.

그리고 주식은 어떤 게임보다
재미있는 게임이라서
그만할 수가 없어요.

주식에 호가 창을 보면
파란색, 빨간색이 화려하게
움직입니다.

예상이 맞아떨어지면
엄청난 희열을
느낍니다.

지금 미국과 중국,
미국과 유럽,
유럽과 영국의 브렉시트,
일본과 한국의 관계 등으로
매우 불안한 국제 정세 때문에
주식시장도 힘을 못 쓰고 있는데
어떻게 생각해요?

우리나라는
비기축통화 국가입니다.

우리 원화는 위안화, 유로화,
엔화, 달러와 같이
글로벌하게 쓸 수 없습니다.
한국에서만 쓸 수 있습니다.

우리나라는 무역을 중요시해야 하는데
현재 아주 불리한 상황이 계속되고 있다.

중국의 시진핑은 경기 부양도 해야 하는데
트럼프가 무역 전쟁의 합의를 안 해주고 있다.

트럼프의 머릿속에는
딱 한 가지 생각밖에 없다.

2020년
재선!

그러니까 트럼프가 쥐고 있는 국제 정세를 자신의 재선에 맞추어 풀었다 감았다를 반복하고 있다.

2020년 1, 2분기에 미·중 무역 전쟁이 끝나면 중국 경제가 살아날 것이고 우리도 아마 사상 유례없는 호황을 누릴 겁니다.
(2019년 기준)

올해부터 3년 동안은 엄청나게 성장할 거예요.

3년간!

2020년부터 3년 동안
최고의 호황기가 옵니다!

또 3년 후부터는 트럼프 대통령의
힘이 빠지면서 역사상 유례없는 금융 쇼크가
올 거라고 봅니다.

그러면 한국처럼
밑에 있는 나라부터 터지는 거죠.

그럼 어떻게 해야 하죠?

주식 가격이 떨어질 때
돈을 버는 인버스 ETF로 가야죠.

● 인버스 ETF
증시가 상승할 때 수익을 내는 상장
지수펀드(ETF)와는 정반대로 증시가
하락해야 이익을 낼 수 있는 상품. 예
를 들어 코스피200 지수가 1% 상승
할 경우 인버스 ETF는 마이너스 1%
수익률, 반대로 코스피200 지수가
1% 하락할 경우 인버스 ETF는 플러
스 1%의 수익률을 목표로 운영된다.

지금은
몸 사리고 있다가
2020년 상반기에….

가치 투자는
수익률을 높게 잡고
오래 집어넣고
기다리는 것인데,

단타를 할 때는
얼마 정도부터
빼고 넣고 합니까?

그 날의 트렌드에 속한 종목 중 대장주를 노립니다.

그런데 시총이 너무 높은 종목은 대장주에서 제외하고, 시총이 낮고 빵빵 터질 수 있는 종목을 매매하죠.

수익률은 따로 정해놓은 것은 없습니다.

그래요?

차트 창은
항상 두 개가 뜹니다.

한 창에는 일봉,
다른 창에는 분봉.

한쪽은 3년치를 보고
다른 쪽은 60일치를 보다가
매매하는 순간
분봉으로 바꿔보면서
산 순간부터 매도할 순간을
기다립니다.

세력이 들어가 있는
경우도 있을 텐데요?

저는 세력을
믿지 않습니다.

투자자들이 만들어낸
상상 속의 괴물인 거죠.

개인, 외국인, 기관
전부가 세력이죠.

매수 세력이 크면
주가가 올라가고
매도 세력이 크면
떨어집니다.

둘 다 세력이 같으면
보합이 되죠.

누구든지 매수한 순간
잠재적 매도 세력이 된다.

매수하기로 결정했으면
사려고 했던 물량의 50~30%를 한 번에 잡고,
나머지 물량이 보이면 나머지의 70~50%를
나누어 산다.

여전히 매수 세력이
되어주는 겁니다.

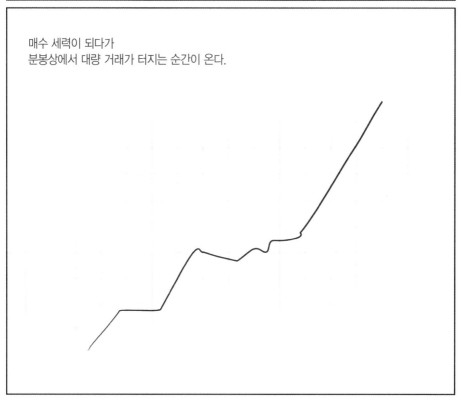

매수 세력이 되다가
분봉상에서 대량 거래가 터지는 순간이 온다.

그때 가진 물량을
조금씩 나눠 판다.

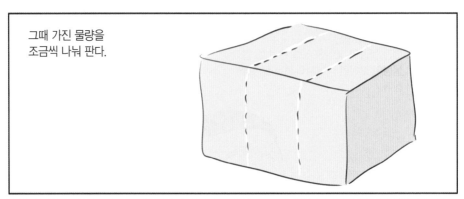

분봉에서 첫 음봉이 나오면
3분의 1을 턴다.

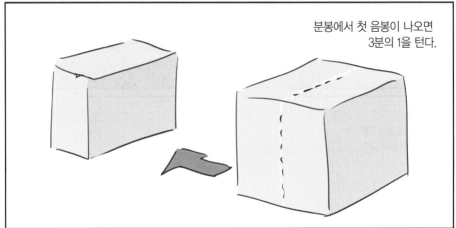

연속적으로 두 번째 음봉이 나오면
또 3분의 1을 턴다.

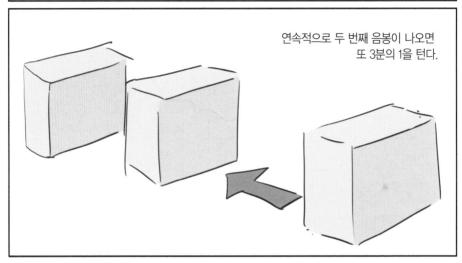

나머지 3분의 1은 히든으로 놔둔다.

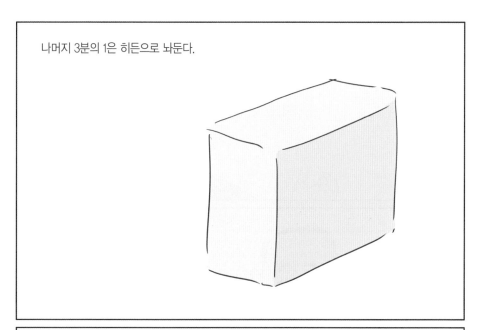

그 히든은 수익금인 거죠.

하한가 가도 본전인지라
여유 있게 가지고 있을 수 있는데
또 음봉이 나면 털어버립니다.

'매수는 기술, 매도는 예술'이라지만
매수는 운의 영역이라고 봅니다.

제가 1억을 가진
열 사람을 앞에 두고
실시간 매매를
같이 한다고 했을 때

각각 상황이 다르다는 겁니다.

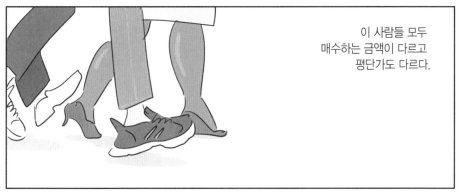

이 사람들 모두
매수하는 금액이 다르고
평단가도 다르다.

매수 방법을 기술적으로 가르칠 수가 없다.

부모가 운전하는 걸 옆에서 보고서
운전을 하는 사람도 있고

신입 사원인데 선배가 시킨 일을
한 번도 해보지도 않았지만
해내는 사람이 있다.

반면 아무리 가르쳐도 못 하는 사람이
있다.

일 보태기 일은?

그걸 왜
보태지?

$1 + 1 = ?$

태생적으로
이미 나뉘어
있다고 봐요.

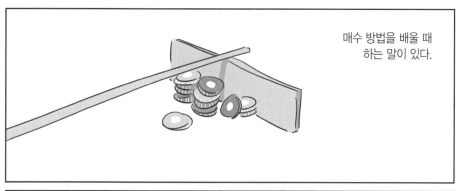

매수 방법을 배울 때
하는 말이 있다.

처음에는
적은 돈으로 시작하니까
아까워하지 마라.

이거 다 날려도
인생 달라지는 것 아니다.

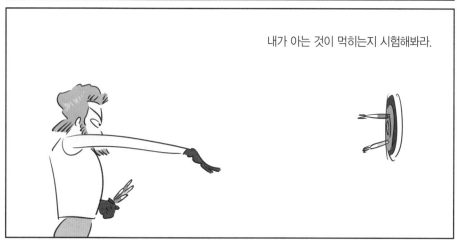

내가 아는 것이 먹히는지 시험해봐라.

저는 잃는 시험을 통해
제 매매 방법을
찾을 수 있었습니다.

500만 원으로
시작해서
2015년에 수익률
3160%를 냈다.

그러나 수익률보다
회전율을 봐야 한다.

회전율이 29만 9000%였다.

거래량 회전율 =
누적 주식 거래량/
총상장주식 수 ×
100

난 손절매가 어렵던데요.

저는 손절 컷을
목숨만큼 중요하게
여깁니다.

오늘 매매한 종목 중에
사자마자 2분 만에
손절한 종목이 있다.

2분 만에 −5%가 되어서
기계적으로 시장가로 던져버린 것이다.

많은 고민을 하다가 샀는데
이 정도면 똥 냄새가 풀풀 나는 걸로 보는 것이다.
썩었든지 곰팡이가 슨 종목인 것이다.

그 종목은 −10% 손절매였는데
하한가까지 갔었다.
손절 안 하고 들고 있었으면
−37%였었다.

주변에 주식투자 방법을
가르쳐달라는
사람들이 있죠?

있죠, 많이 있죠.

저는 그 사람들에게 이렇게 얘기해줍니다.

· 매일 상한가 난 종목 체크하기
· 매일 1000만 주 이상 거래 종목 체크하기

저는 주식 입문 5년 차인데
하루도 빠지지 않고 이 일을 했어요.
왜 상한가를 갔는지,
왜 1000만 주가 거래되었는지.
왜? 왜? 왜?

주식해서 돈 벌겠다는 사람들이 많은데
놀아가면서 다른 사람들을 이길 수 없다.
엄청나게 공부해야 한다.

저는 하루에
14시간씩
주식 공부했습니다.

하루는 24시간인데 어떻게
14시간을 공부했겠어요?

설산은 회사에
제일 먼저 출근하고
제일 나중에 퇴근한다.

밤 11시 전에
미팅이 끝나면
술을 마셨어도
회사로 다시 돌아왔다.

새벽 2시, 3시까지 다음 날 생길 일을
다 정리해놓고 집에 돌아갔다.

집에서는 졸려 쓰러질 때까지
주식 공부를 했다.

덕분에 단타 투자자 중에서
짧은 기간 대비 가장 많은 돈을 벌었다.

대신에 설산은 건강을 잃었다.

억! 왼쪽 눈이 안 보인다!

사무실이
너무 밝은가?

그래도 버튼이 안 보여!

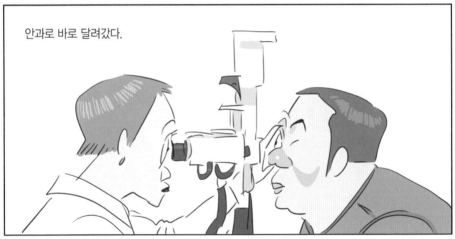

안과로 바로 달려갔다.

잠을 안 잡니까?

자는데요.

얼마나 자요?

보통 2시간 혹은 3시간 잡니다.

많이 자면 4시간?

세상에! 너무 적게 자니까 눈에 생긴 염증이 각막을 뚫고 시신경을 건드려서 안 보이는 겁니다.

난 지금까지 잠을 적게 자도 괜찮은 숏 슬리퍼(short sleeper)인 줄 알았는데 그날 숏 슬리퍼가 아니란 걸 처음 알았다.

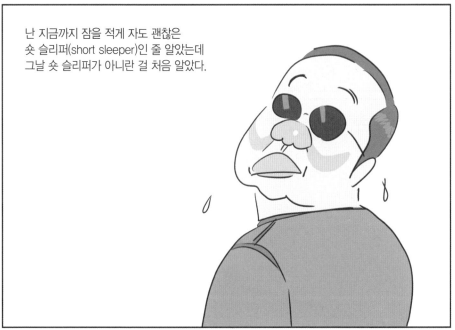

오늘부터
휴대전화 보지 말고,
티비 보지 말고,
책 보지 말고,
경치도 보지 말고,
무조건 자야 합니다.

2주면
괜찮아집니다.

돈 많으면 뭐합니까
건강 챙겨야죠.

그날부터 지금까지 1년 반 동안
수면 시간 7시간을 지키고 있다.

2018년 4월 한 달에 단일 계좌로 10억 넘어간
대한민국의 유일한 투자자 설산은
그 뒤 속도 조절을 하고 있다.

지금은
눈 괜찮아요?

괜찮은데 스트레스를
크게 받으면
또 그런 현상이 생깁니다.
그때는 또 쉬어주면
회복이 되죠.

나는 돈하고 건강하고 바꿨습니다.
여러분도 그럴 각오가 돼 있습니까?

나는 더 망가질 것도
없는 사람이야!
각오돼 있어!

요즘도
매매는 하죠?

그럼요. 아침에
1시간에서 2시간 반
정도 매매하고
그 이상은 안 합니다.

최대한 매매를 줄이고
욕심을 줄였습니다.

얼마를 벌어야겠다는
목표가 있어요?

주식이 너무 힘들어서
60억짜리 빌딩을 사서
월세 받는 것이 꿈이었어요.

빌딩 샀어요?

아니요.

그 정도도
못 벌었어요?

그게 아니고….

다니던 회사를 그만두려는데
회사 대표가 물었다.

요새 주식해서
얼마 벌어?

월 1억 정도요.

그렇게 벌어서
뭐 하려고?

60억짜리 건물 사서
세 받고 살고 싶어요.

그건 앞뒤가
맞지 않는데?

예?

1개월에 1억 번다면서
60억짜리 건물 사면
월세 얼마나 받을 것 같아?

2000만 원 정도
받을 수 있대요.

그건 방이 꽉 차 있을 때 계산이고,
공실 때랑 감가상각비, 세금 따지면
한 달에 1000만 원 밖에 남지 않을 거야.

한 달에 1억 벌면
600억짜리 빌딩 갖고 있는 거랑 같은데
왜 더 작은 빌딩을 원해?

띠옹

세입자랑 소송이라도 붙어봐.
지금 주식하는 것보다 편할까?

그 날 이후 빌딩의 꿈은 접었다.

욕심을 줄이니까
가족과 지내는 시간이 늘어나서
요즘은 매우 행복합니다.

요즘은 관심 주가
세 가지 있습니다.

가을 하늘이 좋다가도
11월이 지나면
미세먼지가 극성이죠.
그래서
미세먼지 관련주.

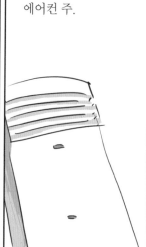

여름에는
맨날 더우니까
에어컨 주.

지금은 대북 주가
안 좋지만
현 정부는 절대 북한도
포기 못 합니다.
대북 관련주.

영화 〈올드보이〉에서
유지태와 최민식의 대화다.

왜 나를
15년 동안 가뒀어?

질문이 틀렸다.
그러니까
틀린 답이 나온다.

왜 15년동안 가뒀느냐가
중요한 것이 아니라
왜 15년이 지난 지금
풀어주느냐가 중요하다.

주식도 마찬가지입니다.

주식으로 어떻게
돈을 버는 것인지가 아니라
당신이 지금까지 주식을 왜 실패했는지를
아는 것이 중요합니다.

주식은 심리 게임의 결정체다.

심리가 아니라 공식이라고 생각하지만 그렇지 않다.

이게 말이 돼?
이게 왜 올라가?
이런 의문이 많은 사람은 주식투자에 적합치 않다.

주식으로
절대 성공할 수 없다는
타입이 있습니다.

첫째 교수.
논리적으로 설명해야 하니까.

둘째 애널리스트.
숫자로 반드시 이해시켜야 하니까.

셋째 과학자.
완벽하게 이해시켜야 하니까.

넷째 타입도 있어요. 만화가.
세상 물정 너무 모르니까.

흐흐. 그렇군요.

허영만의

주식
타짜

—— 타이밍 승부사들 ——

4

국내 최고 시스템
트레이딩 전문가

★ 성필규 ★

성필규

알바트로스

會當凌絕頂 一覽衆山小
(회당능절정 일람중산소)

"내 반드시 정상에 올라 뭇 산들의 자그마함을 굽어보리라."

— 두보

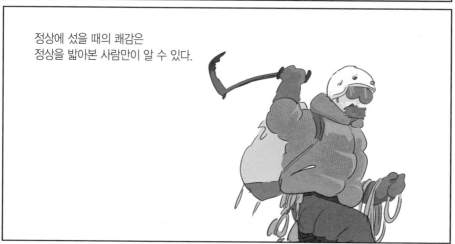

정상에 섰을 때의 쾌감은
정상을 밟아본 사람만이 알 수 있다.

그곳에 오르기까지 흘린 땀과 인고의 시간 없이는
굽이굽이 간직하고 있는 파란만장한 이야기를
이해할 수 없다.

알바트로스.
현존하는 조류 중 가장 멀리 나는 새다.
쉬지 않고 한 번에 3,200km를 날 수 있는데,
비결은 여타의 새들과 다른
비행 방식에 있다.

알바트로스는
매우 높은 곳으로 올라가
바람을 타고 활공한다.
3.5m에 이르는 날개를 펼치고
기류를 타고 날아가기에
체력 소모가 적어서
그 먼 거리를 이동할 수 있는 것이다.

알바트로스는 성필규의 닉네임이다.

알바트로스 성필규는
현물과 파생 시장 각각에서
큰 실패와 성공을
모두 경험했다.

현물 시장에서는
재야의 젊은 주식 고수였고
증권 방송 초창기에
'알바트로스'라는 필명으로 알려진
유명 강사였다.

성필규의 필명이
본격적으로 알려진 계기는
당시 주요 회사 트레이딩 시스템들의
실전 운용 결과를
일 단위로 수년간 공개하면서부터였다.

많은 사람이 시스템 트레이딩이 긴가민가하던 시절에
알바트로스 시스템이 선물에서 연간 300%,
옵션에서 연간 최고 1,200%의 수익률을 올리는 과정이
하루도 빠지지 않고 공개되면서 알바트로스의 신화는 시작됐다.

나는 시장을 보면서 바다와 같다는 생각을 한다.
너무나 평온한 바다.
그러나 언제든 모든 걸 쓸어가버릴 수 있는 바다.
쓰나미처럼 말이다.
시장 또한 그렇다.
늘 그 자리에서 맴도는 듯하다가
어느 순간 폭발하면 심장을 멎게 할 만큼
무서운 곳이다.
예측불허 속에서
결국 자기가 가고자 하는 방향으로
가고 마는 것이 시장의 특성이다.
이런 흐름에 역주하지 않고
끝까지 순종하는 것이
딜러로서 나의 임무다.

대학에서 교수님의 투자론 강의를 들었을 때

이번 달에 한국 증시의
역사적 고점이 돌파될 것이다.

곧바로 증권사에서 근무하는 선배에게 전화했다.

형, 증시가 1,000을
돌파한다면서요?

1,000 돌파를 눈앞에 두고 있고
이제 더 이상 세 자리 지수로
후퇴하지 않을 거야.

지금이야!
지금이 주식을
살 때야!

증시를 전망하는 일에서
가장 신빙성이 떨어지는 부류가
바로 이 두 직업임을 알게 된 것은
그로부터 한참 뒤였다.

군 복무를 끝내고 복학한 성필규는
생활비를 벌어 써야 할 입장이었다.

내게는 여름 내내 아르바이트를 해서
모은 돈 150만 원이 있다.

이 돈으로
시작하는 거야.

절렁
절렁

깊은 고민도 없이 내린 결정이
알바트로스의 운명을
좌우하게 될 줄이야….

그날 만든 증권 계좌가
앞으로 성필규의 삶과 죽음 사이에서 방황하며
얼마나 많은 날을
소리 죽여 울게 할지,
삶에 얼마나 긴 그림자를 드리울지
그때는 짐작조차 하지 못했다.

첫 거래 종목은
삼성전자.

투자금 150만 원으로는 포트폴리오를
구성할 수도 없었다.
삼성전자를 13만 원대에 '몰빵'했다.

당시에는 지금처럼 HTS로 거래하던 시절이 아니라서
샀다 팔았다 하는 것은 생각하지 못할 때였다.

우량주를 샀으니
두 배쯤 오를 때까지
잊고 있자.
투자 가이드 책에 보면
큰돈은 장기 투자로
번다잖아.

그렇게 1년이 지났다.

1년 동안 종합지수가 네 자리를 기록한 것은 잠깐이었고
세 자리로 후퇴해서
지겹게 오르락내리락하고 있었다.

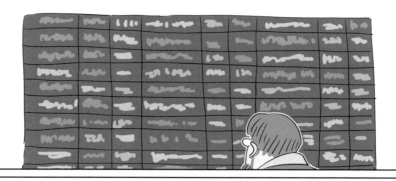

그 교수님은 작년과
똑같은 강의를 하고 있었다.

이번에 넘으면
다시 세 자리 숫자로
내려오지 않는다.

그해 늦가을,
노태우 전 대통령 비자금 사건이 터졌다.

전직 대통령이
수천억 원의 돈을
차명 계좌에 숨겼다!

그게 증시하고
무슨 상관이야.
경제 문제도 아니고….

그러나 큰손에게는
다른 문제였다.

대통령 비자금 관련해
뭉칫돈 계좌들이 수사 대상에 오르고
자금 출처를 조사받자
큰손들이 빠져나가면서
증시는 맥을 못 추고 주저앉아버렸다.

17만 원대에 턱걸이하던
삼성전자 주가도 연일 하락했다.

생애 첫 매수 종목인 삼성전자를 손절했다.
남은 돈은 80만 원.

그 돈으로 오토바이를 사서
학교 내에서 신문 배달을 시작했다.

그렇게 모은 돈이 300만 원.

그 돈으로 증권사 지점을 찾아가
나름대로 신중하게
주식 포트폴리오를 짜서
다시 주식을 샀다.

그해 여름,
학과 공부는 팽개치고
도서관에서 주식 관련 책을
가리지 않고 읽었다.

그것도 모자라 겨울방학 때는
그동안 읽었던 주식 책 중에서
25권을 골라 들고 산속으로 들어가 정리해나가면서
나름의 투자 기법을 가다듬었다. 생… 각….

투자의 세계에서
기라성 같은 전설적 존재가 많은데
그중 성필규가 귀감으로 삼고
정서적 동질감을 느낀 투자자는
헝가리 출신의 앙드레 코스톨라니(Andre Kostolany)다.

완전한 파산을
세 번 경험하기 전에는
스스로 투자자라고
말하지 말라!

이후 성필규 역시
지옥이나 다름없는 파산을 세 번씩 겪게 되면서
이 말을 뼛속까지 실감했다.

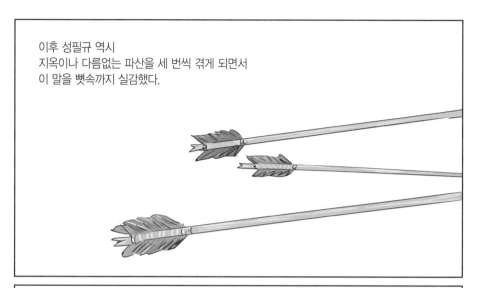

1997년 4월 종합지수 680포인트.
투자금 3000만 원이
7000만 원이 되었다.

D증권 지점에 나가면
지점장이나 투자자들이 상담을 청하는
젊은 고수로 통했다.

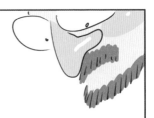

그해 늦여름,
일봉 20일 지지선인
750포인트가 깨지고
처음 매수에 들어갔던
680포인트까지 내려갔다.

조만간 다가올 베팅 찬스를 엿보고 있던
알바트로스는 이 지수대를 바닥권으로 보았다.

아! 이것이 책에서
봤던 쌍바닥이구나.

정석대로
분할 매수를 시작했다.

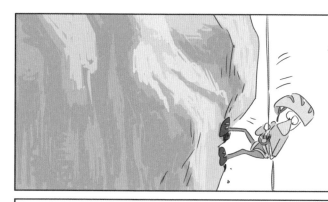

4월의 첫 번째 매수 때는
장이 조금씩 올라갔었고
이번에는
조금씩 밀리기 시작했다.

다른 투자자들은 하락 장을 견디지 못하고
마구 던지고 있었으나 성필규는 개의치 않았다.
620포인트까지 내려갔다.
잔고를 남기지 않고 매수했다.

ㅎㅎㅎ~
지금 파는 사람은
어떤 바보일까?

나중에 깨달았지만
이것은 전형적인 하수의
사고였다.

일반적으로
투자의 하수들은
싸게 사는 것에만
관심을 둔다.

반면 고수들은 비싸게 파는 것에만
관심을 둔다.

싸게 매수하는 것과 비싸게 매도하는 것은
수익을 거두는 데 필수적인 조건이므로
어느 쪽에 초점을 맞추든 별 상관이 없어 보인다.

그러나 현실에서
이 두 관점 사이에는
큰 차이가 있다.

5만 원에서 10만 원 사이를 오가는 종목이
5만 원일 때 대체로 바닥이라는 인식으로
고수와 하수 모두 이 종목을 매수했다 치자.

매수 후 기대와 달리
주가가 1만 원 빠져서
4만 원이 되었다 치자.

이때 고수는 예상이 틀렸음을 인정하고 주식을 손절매한다.

비싸게 파는 것이
목표였기 때문에
오르지 못하는 주식에는
흥미가 없다.

손절 선까지
가격이 떨어지면
미련 없이 버린다.

그러나 싸게 사는 데 관심이 큰 하수는 다르다.

저점을 5만 원으로 봤는데
4만 원이 되면
자신이 산 가격보다
훨씬 더 싼 상태가 된다.

싸게 사야 하는데 더 싸졌으니
손절은커녕 주식을 더 늘린다.

그러다 3만 원까지 떨어지면
보유 주식의 평가손*을 걱정하는 것이 아니라
좀처럼 만날 수 없는 기회라고 생각한다.

● 평가손
재산을 재평가한
금액이 장부 가격
보다 적어서 생기
는 손실. 평가 손해

같은 투자금으로 훨씬 많은 수량의 주식을
살 수 있으니 흥분한다.

질러!
질러!

삼촌!
여윳돈 있으면 합류하세요!
땅 짚고 헤엄치는 겁니다.

싼 것이 기준이 되면 위험한 것은 이 때문이다.

손절매를 제때 하지 못하고
더 나쁜 물타기까지 이어진다.

결국 호미로 막을 수 있었던 일을
가래로도 막지 못하는 사태까지 오고 만다.

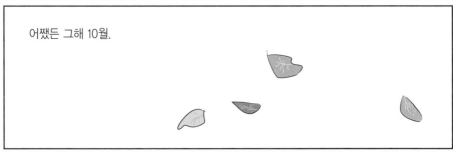

어쨌든 그해 10월.

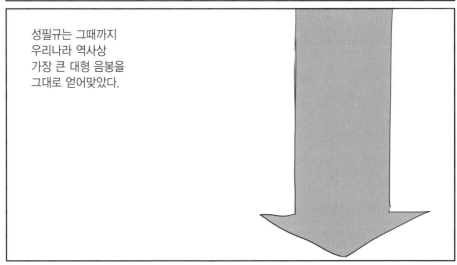

성필규는 그때까지
우리나라 역사상
가장 큰 대형 음봉을
그대로 얻어맞았다.

10월 첫날 646.86포인트였다가
월 마감일 종가 470.90포인트로
한 달 만에 무려 176포인트가 하락했다.
월간 하락률 -27.2%.

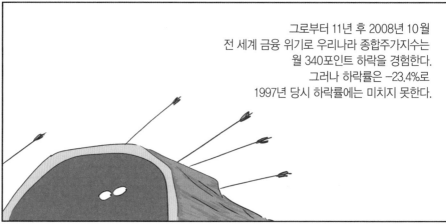

그로부터 11년 후 2008년 10월
전 세계 금융 위기로 우리나라 종합주가지수는
월 340포인트 하락을 경험한다.
그러나 하락률은 -23.4%로
1997년 당시 하락률에는 미치지 못한다.

1997년 10월은
폭락에 폭락을 거듭했다.
바야흐로 IMF 구제금융의 서막이었던 것이다.

그 상황에서 성필규는
숱하게 적어두었던 한 단어를
실행할 수 없었다.

시퍼렇게 음봉을 그리면서
내려가는 지수에
몸은 박제라도 된 듯
굳어버렸다.

장중 단 몇 %라도
반등하리라 기대했지만
약한 반등도
나타나지 않았다.

나날이 줄어드는 계좌를 보면서
이 믿을 수 없는 폭락이
꿈이기를 바랐다.

여기서 팔면 그 손실을 어떻게 메우나 하는
암담한 심정으로 결국 마지막 손절 기회를
또 그렇게 놓쳐버렸다.

10월 말 470포인트였던 지수가
11월 말에는 407.86포인트로 떨어졌다.
400포인트 붕괴가 코앞이었다.

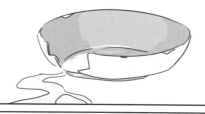

결국 12월 초 외환 잔고가 바닥을 드러냈고
IMF 구제금융을 신청했다.
400포인트는 깨져버렸다.

객장 주변에는
한국 증권시장이
문을 닫을 수 있다는
소문이 나돌았다.

실제 지방 은행들이 문을 닫았고
몇몇 증권사가 부도났다.

외국인들은 한국을 완전 떠날 것같이
수개월 동안 순매도를 이어갔고

한국 증시의 대표 주자인
삼성전자의 부도설이 나돌았다.

잔고를 확인했다.
삼성전자 반 토막.
나머지 모두 3분의 1토막.
한 종목은 부도 처리.
잔고는 1억 원의 5분의 1,
2000만 원이었다.

12월 2일,
한국 증시의 마지노선이라던
400포인트가
붕괴되던 날.

전 종목 하락에 하한가 종목이
3분의 2를 차지하고 있던
아비규환 속에서
성필규는 모든 보유 종목을
시장가 매도 주문했다.

쥐고 있던 종목들을
단 1초라도 더 빨리 팔기 위해
주문지에 볼펜으로
매도 수량을 적어나가는데
손이 후들거려 글씨가 잘 써지지 않았다.

그날 밤 온기라고는 거의 없는
냉구들 옥탑방에서 정말 많이도 울었다.

그렇게 다짐했던
투자 원칙을 지키지 못한 어리석음이
너무도 한스러웠다.

거듭된 술과 담배로
건강은 망가졌고
모래를 씹는 듯한 입맛에
억지로 밥을 욱여넣다가도
울컥하는 눈물이 솟구쳐 나왔다.

취업은 물 건너간 상황이었고
난국을 돌파할 길은
회계사 시험밖에 없었다.

그해 겨울,
시험에 필요한 책들을 들고
학교 도서관에서 파묻혀 살았다.

몸무게가 8kg이나 줄었고
영양 상태가 나빠졌으나
약으로 버티다가
종국에는 어지러워서
쓰러지고 말았다.

신촌 옥탑방으로 가서 며칠 쉴 생각으로
고시원을 나와서 간신히 택시를 잡아탔다.

택시의 라디오에서 뉴스가 흘러나오고 있었다.

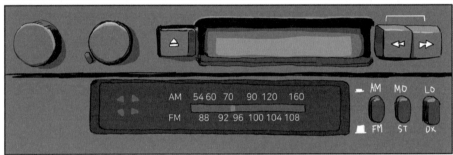

곧이어 주식 시황 소식이
들려왔다.

지수 400포인트에서
모든 주식을 청산한 후
짐을 꾸려 도서관으로 옮길 무렵
종합주가지수는 350포인트대였다.

300포인트 붕괴는 시간문제일 뿐이고
200포인트도 머지않았다고
생각하고 있었는데

지수 400포인트에서
모든 주식을 청산한 후
짐을 꾸려 도서관으로 옮길 무렵
종합주가지수는
350포인트대였다.

그렇구나!
나는 바닥에서
투매를 했구나!

남들이 시장을 떠날 때
들어가야 하고
주식을 사려고 안달일 때
떠나야 한다는
평범한 진리가 이것이었다.

월가에 이런 격언이 있다.

"황소도 돈을 벌고
곰도 돈을 벌지만
겁먹은 노루는 목숨을 잃었다."

내가 노루였다!!

그 뒤 회계사 2차 시험을 위해
책을 사러 서점에 갔는데
수험 교재 매대를 지나 증권 서적 코너에
발을 멈추는 나를 발견했다.

서점을 나올 때
내 손에는 교재가 아닌
주식투자 관련 신간이 몇 권 들려 있었다.

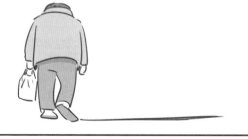

"원금만 찾자.
원금만 찾으면
회계사 시험 패스하고
평범한 생활인으로
살아가자."

이제 다시 주식투자를 한다면
더 이상 잃는 일은 없을 것 같았다.

외환 위기를 불러왔던
김영삼 정부와 집권당이
대선에 패배하고
김대중 대통령이 새로 위임한
1998년 봄.
국내 경제는
얼핏 회복세로 보였다.

며칠간 객장에서
상황을 종합해보니
절호의 찬스가
오고 있다는 느낌이 왔다.

전년 12월에 종합주가지수 376.31포인트,
최저점으로 투매를 이끌어 낸 주식시장은
새해 들어 567포인트까지 급반등하면서
1, 2월 월간 양봉을 모처럼 만들어냈다.

그러다가 3월부터는
다시 하락하면서
3개월 연속 음봉이었다.

경제 상황으로 판단한 결과
작년 12월 저점이 진 바닥은
아닐 것이라는 판단이 섰다.

최대한 현금 보유량을 높이고
단타로 계좌를 불리면서
결정적인 시기를
기다리고 있었다.

당시 매매를 시작하면서
하늘처럼 지키던 원칙이 있다.

"5일 선"
"손절 선"

주식을 매수했다가
5일 선이 깨지면
손실이든 수익이든
무조건 팔았다.

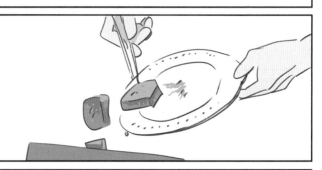

또 매수가에서
5% 손실이 발생하면
물량 50%를 정리하고
10% 손실이 발생하면
나머지를 전량
청산하는 것이었다.

5월 말 지수는 더 급하게
내리막을 달렸다.

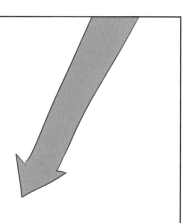

지난해 12월
전 저점을 하회한 뒤
301.22포인트를 찍고 반등해서 간신히
300포인트를 지키는 중이었다.

장세가 살얼음판인 상황에서
객장에는 싸움이 잦아지고
다들 지쳐가고 있었다.

직원들의 얼굴에서 웃음이 사라졌고
객장으로 나오는 투자자들이 줄어들면서
지점은 썰렁했다.

그럴수록 성필규는 하루도 빠짐없이
객장에 나갔다.

객장에
한 대밖에 없는 컴퓨터를
독차지하고
차트를 확인하고
정보를 분석했다.

지수가 300포인트 근방일 때
단타 매매하던 지금까지
전부 철수시키고 관망했다.

전 저점은
무너졌지만
여전히 마지막
투매 시점은
아니다.

지난해 12월에
뼈저리게 겪었듯이
마지막 투매는
겁에 질린
초식동물에게
항복을 요구하는
국면인 만큼
너무도 거칠고
급한 법이다.

6월 어느 날 결국 300포인트가 무너졌다.

망연자실한 표정으로 전광판을 지켜보던 남자가
서럽게 울음을 터뜨렸다.

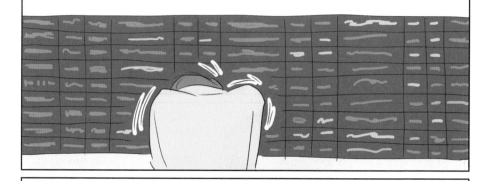

그 울음은 객장의 다른 손님에게도,
여직원에게도 번졌다.

그 울음소리에서 작년의 내 모습을 확인했다.

성필규는
다짐하고 또 다짐했다.

절대 두 번 다시
무너지지 않는다.

지난 겨울과 봄 사이
무척 달라져 있었다.

300포인트 붕괴 예측이 맞았다.
그 시기를 기다리면서
계좌를 전액 현금화하고,
미동도 하지 않고
시장의 흐름과 주변 투자자들의 심리만
관찰하고 있던 성필규는
놀랄 만큼 냉정하고 담담했다.

"한국 증시가 나락으로 떨어졌다"고
뉴스가 나오던 그날
성필규는 오히려 재기에 대한
강한 자신감을 가질 수 있었다.

성필규는 비소로
겁먹은 노루가 아닌
황소와 곰이 되기 시작한 것이다.

아직 바닥 전이지만
외국인 투자의 분위기는
순매수 쪽이었다.

V자 또는 U자형 상승이 예상되었다.

계좌의 2420만 원을 절반으로 나눠서
300포인트가 깨진 패닉 상태에서 매수를 단행했고,
나머지 절반은 20일 선을 회복하면서
추세선을 상방으로 돌파할 때 모두 투입하기로 했다.

지수는 280에서
조금씩 상승하기 시작했다.

드디어 주가가
일봉 추세 하락 선을 상향 돌파하면서
거래량이 상승하는 것을 확인한 다음
나머지 자금을 쓸어 넣었다.

7월 중순
계좌 수익률이 50%를 넘어설 때
모두 매도했다.

급락 뒤에 급등 없다.
종합주가지수가
역사적 저점을 확인한 마당에
급한 'V'자 반등은
없을 것으로 내다봤다.

이 결정은 매우 깔끔했다.

이후 두 달 동안 300포인트를 축으로
다시 지루한 횡보세를 이어갔다.

50% 수익을 올리고
느긋한 마음으로 경주 여행을 갔다.

1박에 1만 원짜리 여인숙.

퀴퀴한 냄새가
배어 있고,
벽지가 갈라지고,
장판에 때가 낀
초라한 방.
대학 생활을 보낸
옥탑방이 생각났다.

2일째는 보문호수가 보이는
경주 힐튼호텔 스위트룸.

밥값은 전날 밤에 비해 60배가 넘었다.
룸서비스로 와인도 한 병 주문했다.

나는 여인숙 방에서도 이렇게 호사스러운 방에서도
얼마든지 잘 잔다.
그렇지만 다시는 바퀴벌레가 나오는 그런 방에
내 몸을 누이지 않을 것이다.

1998년 10월 9일 주가지수의
120일 선 돌파가 확인되자
주저 없이 계획했던 종목을
매수 주문했다.
지수는 310포인트였다.

1차 목표는
240일 선이 위치한 400포인트.
결과는 대성공.

2주 만에 240일 선까지 상승했다.
이동평균선이 단숨에
돌파되기 어렵다고 판단하고
모두 매도했다.

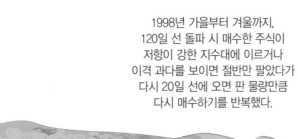

1998년 가을부터 겨울까지,
120일 선 돌파 시 매수한 주식이
저항이 강한 지수대에 이르거나
이격 과다를 보이면 절반만 팔았다가
다시 20일 선에 오면 판 물량만큼
다시 매수하기를 반복했다.

성탄절 며칠 전
원금은 6000만 원을 넘어갔다.

1999년 1월 중순경
600포인트가 붕괴되면서
오랜 시간 지켜봤던
20일 선을 이탈하는 것을 보고
계좌를 깨끗이 비웠다.

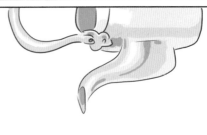

계좌 잔고는 9000만 원.
2000만 원으로 5월 장에 복귀한 뒤
7개월 만에 올린
350%의 수익이었다.

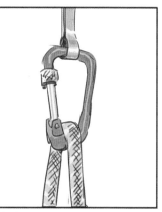

원금만 찾으면
시장을 떠나겠다고 각오했지만
운명은 그렇게 두질 않았다.

한 투자자가 자신의 3억 원
계좌 운영을 부탁한 것이다.

3억!

원금에서 10% 손실이 발생하면
운영을 중단하되
손실에 대한 책임은 묻지 않겠소.
무슨 이유든 손실액이 10%를 넘으면
그 금액에 대해서는 책임을 지시오.
대신 수익을 거두면
이익금의 30%를
운영자인 당신에게 주겠소.

그 정도의
책임쯤이야!

1999년부터 2000년 2월까지
코스닥이 전면 부상했다.

KOSDAQ

종합지수가 1,000포인트에 육박할 무렵부터
시장 변화에 민감한 투자자들은
서서히 코스닥 시장으로 옮겨가기 시작했다.

당시 김대중 정권의
벤처기업과 코스닥 시장 육성책 발표,
미국 나스닥 시장의 폭등,
밀레니엄 전환을 앞둔
기술주에 대한 환상 등이 어우러져
코스닥 지수는 68포인트에서
292포인트까지 상승했다.

성필규는 1999년에 처음으로
타인의 자금으로
수익을 냈다.
그 소문으로 몇 명의 계좌를
더 운용하게 되었다.

2000년 1월 1일, 신문마다 장밋빛 미래만 제시하고 있었다.
전문가와 언론이라면 다양한 시각차를 얘기해줘야 하는데
투자자들이 듣고 싶어 하는 것만 들려주고 있었다.

그간의 경험으로 보면
모든 이가 한 방향을 제시할 때
시장은 늘 우리를 배신했다.

신정 연휴가 끝난 1월 4일,
전 종목을 매도 처리했다.

성필규가 시장에서 했던 주식거래 중
기억에 남는 거래가 몇 번 있는데,
그중 하나가 이날이었다.
고점에서 미련 없는 매도!

그 후 이날의 고점까지 도달하기까지는
장장 5년 6개월이 걸렸다.

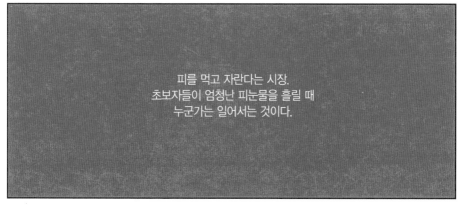

피를 먹고 자란다는 시장.
초보자들이 엄청난 피눈물을 흘릴 때
누군가는 일어서는 것이다.

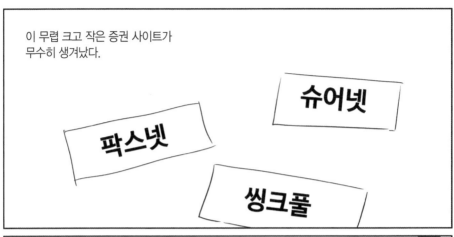

이 무렵 크고 작은 증권 사이트가
무수히 생겨났다.

슈어넷

팍스넷

씽크풀

성필규는 '알바트로스'라는 필명으로
글을 쓰기 시작했다.

그 글들은 유명세를 타며
성필규는 서른 살의 고수가
되어가고 있었다.

인터넷 방송에 출연해서
일주일에 한 번 시황을 분석하고 종목을 추천했다.

예, 성필규입니다.

S회사 주식 언급은 삼가해주세요.
우리 팀이 그 주식을 매집하고 있는데
당신이 방송에서 떠들어 대는 통에
아직 충분한 물량을 확보하지 못했는데도
주가가 움직이고 있단 말이오!

무슨 세력이 속 좁게
인터넷 방송이나
듣고 있단 말이오?
장난하지 말아요.

앞으로 3일간의
시가 종가를
말해주지요.

내일 시가 0000원, 종가 0000원,
모레 시가 0000원, 종가 0000원,
글피 시가 0000원, 종가 0000원.

그것은 거짓말이 아니었다.
거짓말같이 모두 맞아떨어졌다.

난감했다.
고민이 깊었다.

그러나 그 프로그램이 곧바로 폐지되어서
고민하지 않아도 되었다.

그 후 성필규는 그 작전 세력이
어떻게 주가를 누르고,
어디까지 올리고,

고점에서 어떻게 개인 투자자들에게
물량을 떠넘기는지
생생히 볼 수가 있었다.

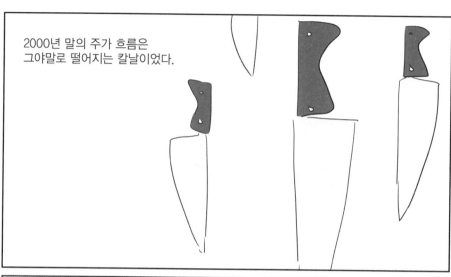

2000년 말의 주가 흐름은
그야말로 떨어지는 칼날이었다.

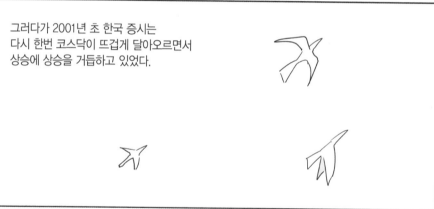

그러다가 2001년 초 한국 증시는
다시 한번 코스닥이 뜨겁게 달아오르면서
상승에 상승을 거듭하고 있었다.

성필규는 다시 인터넷 방송사에서
생방송을 했다.

강의 준비에 3시간,
질문에 대한 답을 찾는 데
3시간을 투자했다.

타 강사들은 수십 개의 종목을 무더기로 추천해서
맞으면 되고 틀리면 말고 식의 강의를 한 반면,
성필규는 서너 개의 종목을 추천하고
종목의 흐름과 시장을 보는 법에 대해 강의했다.

이러한 날들은 성필규에게 철저한 프로 의식을 갖게 했고
거래에 집중할 때 가장 큰 힘이 되어주었다.

전 세계 모든 사람에게
기억될 사건이 터졌다.

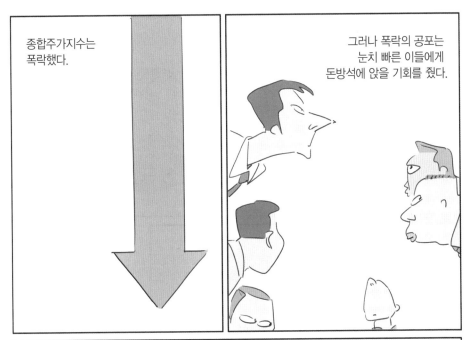

종합주가지수는
폭락했다.

그러나 폭락의 공포는
눈치 빠른 이들에게
돈방석에 앉을 기회를 줬다.

모두가 한쪽 방향으로 달려갈 때
그 방향에는 엘도라도가 있을 수 없다.

9·11이 우리나라 주식시장에 몰고 온
또 하나의 후폭풍은
바로 선물옵션 시장의 만개였다.

코스닥 시장에 물려
거의 빈사 상태에 빠진
많은 개인 투자자가
9·11 풋옵션*의 대박 신화에 현혹되어
옵션 시장에 뛰어들었다.

● 풋옵션(put option)
미래의 특정 시점에 미리
정한 가격으로 팔 수 있는
권리를 지금 사는 것

그런데 이것은 투자 지식·기법·심리 면에서
전혀 준비되지 않은 개인 투자자들에게
또다시 커다란 좌절과 시련을 안겨주는 시발점이었다.

"바닥에서의 악재에는 매수하고
천장에서의 호재에는 매도하라"
당시의 시장은 격언대로였다.

지수가 계속 바닥을 찍고 내려가던 중
9·11 테러가 터졌으니
그때까지 버티던 마지막 물량이
쏟아져나왔다.

이때 성필규는
흐름을 정확히 예측하고
몇 개의 대형 종목 매수를 주장했다.
이러한 주장은 맞아떨어졌고
만만찮은 수익을 올렸다.

그러나 마냥 좋은 날만
있을 수는 없다.

주식의 '초고수'라는
이 남자를 만났다.

나는 꿈이 있습니다.

주식으로 돈을 벌어
정말 좋은 고아원을 만들고 싶습니다.

어떤 종목을
오랜 시간 검토하고
지금 매집 중인데
그 종목을 함께 매집하지
않겠습니까?

각자 알아서 매집한 후
매도는 서로 의논하면서
천천히 하도록 합시다.

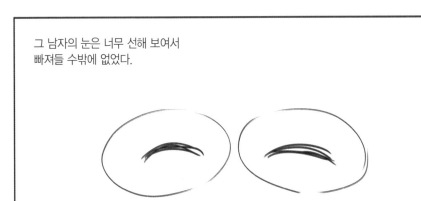

그 남자의 눈은 너무 선해 보여서
빠져들 수밖에 없었다.

당시 주가는 4,000원 후반대였고
나름 우량한 회사였다.

지인들 자금과 내 자금을 합하면
적지 않은 액수였으며
때마침 시장도 살아나고
있던 참이었다.

하겠습니다!

그렇게 함께 매집하자
주가는 금세 1만 원대까지 치솟았다.

이제 주가를
본격적으로
띄워야겠습니다.

계좌를 여러 개
준비해주세요.

무슨 의미죠?

내가 상한가로 말아 올린 후에
상한가를 굳힐 수 있도록
매수 주문을 받쳐놓을 수 있는
자금을 준비해야 합니다.

이것은 명백한 "허매수."

매수할 생각이 없는데
매수를 깔아두는 것이다.

이것은 증권거래법에 위반되는
대표적인 거래 유형이다.

그러나 당시의 성필규는 많은 물량을 가지고 있었고
어떤 방법으로 정리할 건지 고민하던 중이어서
휩쓸리고 말았다.

주식에는 미수라는 거래 방식이 있다.

오를 것 같은 주식을 외상으로 구입하고
3일 만에 갚는 것이다.

3일 안에 주가가 오르면 수익이 생기지만
그렇지 않으면 계좌가 순식간에
깡통 언저리까지 갈 수 있는
위험한 방식이다.

성필규는
겁낼 이유가 없었다.

이미 시장의 주식을
상당 부분 가지고 있었기 때문에
매물이 쏟아져 나올 여지가
없었기 때문이다.

빌려 온 다른 계좌를 이용해
미수 풀 베팅 주문도 했다.

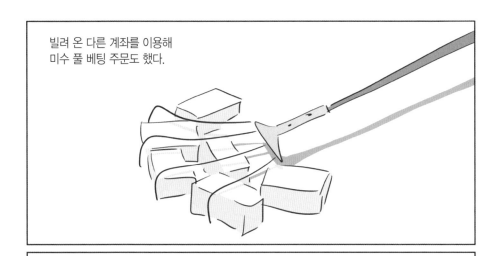

상한가에 잔량이
수북하게 쌓여갔다.
개인 투자자들도 따라붙어서
상한가에는
풀리지 않을 정도로
물량이 쌓여갔다.

며칠 후.

순간 눈앞에
폭포수처럼
쏟아지는
주가가 보였다.

한순간의 물량 투하에
상한가에 주문 대기해놓은
그 많은 물량이 모두 체결되어버렸고,
당일 시작가의 15% 상한가에서
보합*상태였던 주가는
하한가로 추락했다.

● 보합
시세가 거의 변동 없이 계속되는 상태

두어 달 동안 30% 넘던 평가 수익은
이날 단 1시간 만에 상한가에서 하한가까지 밀리면서
모두 날아가고 말았다.

2000년 일이 생각났다.

필규야, 이 주식
작전 들어간 것인데
너도 사는 게 어때?

3,000원짜리가
6,000원이면
너무 많이 올랐잖아요.

세력들은 1만 2000원에
물량 정리할 생각이니까
아직 갈 길이 멀었다고.

찜찜해요.
안 할래요.

짜식,
겁먹기는.

응, 문윤아,
오랜만이다.

네가 주식시장에
있으니까 물어보는 건데
이런 종목 알아?
지인이 매수 추천을
하더라.

!

그 주식이 선배가 말하던 그 주식이었다.

다음 날 그 종목을 마구 매수했다.

빠지는 족족 사들였으나
결과는 폭망이었다.

그때에서야 정보 매매가 얼마나 허망한지,
작전 세력들이 얼마나 보안에
철저한지 알게 되었다.

생각해보면 매우 간단한
결론이 나온다.

반드시 오른다는 종목의 정보가
왜 내게 온단 말인가?
세력들은 자기 아내에게도
종목을 얘기하지 않는다.
그런데 그걸
마구 떠들고 다닐 때는
이미 다른 의도가
숨어 있는 것이다.

고아원 설립이 꿈이라는
선한 눈의 그 사람에게 전화했다.

어떻게!
이럴 수가!

성 선생,
나도 엄청 당했어요.

나는 너무 순진했고
그는 너무 잔인했다.

다음 날 개장한 뒤
더 큰 문제가 남아 있다는 걸 알았다.

장대 음봉으로 끝난 차트는
매물이 매물을 부를 수밖에 없었고
성필규에게는 주식만
잔뜩 남아 있었다.

3일 후면 반대매매*가 나가야 할
미수 물량까지 잔뜩 들고 있었다.

● 반대매매
증권사의 돈을 빌
리거나 신용융자
금으로 주식을 매
입한 뒤, 빌린 돈
을 약정한 대금
결제일까지 변제
하지 못할 경우
증권사가 주식을
강제로 처분하는
매매를 말한다.

성필규가 할 수 있는 일은
아무것도 없었다.

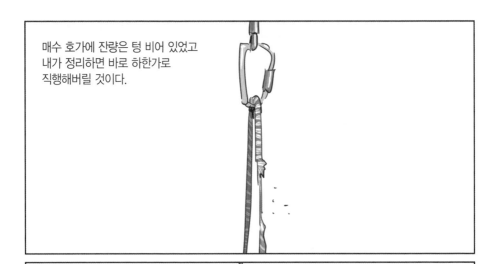

매수 호가에 잔량은 텅 비어 있었고
내가 정리하면 바로 하한가로
직행해버릴 것이다.

그렇다고 더 이상 머뭇거릴 수 없었다.

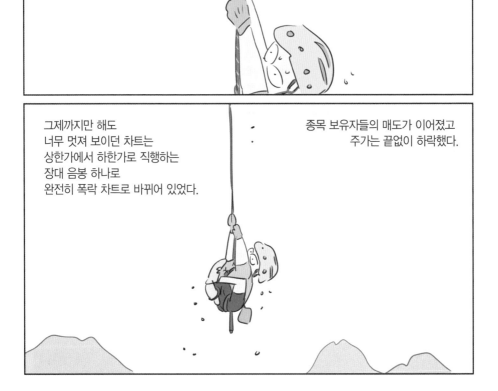

그제까지만 해도
너무 멋져 보이던 차트는
상한가에서 하한가로 직행하는
장대 음봉 하나로
완전히 폭락 차트로 바뀌어 있었다.

종목 보유자들의 매도가 이어졌고
주가는 끝없이 하락했다.

눈이 선한 그 사람은
연락이 닿지 않았다.

아! 당했구나!

고수라는 자만심,
대한민국 넘버원 강사라는
허영심이 만든 결과였다.

평정심과 자신감은 없어지고
재정적 악조건이 거진 해결되었을 때
기회가 또 찾아왔다.

성 선생, 우리 회사는
코스닥 상장회사입니다.
성 선생의 도움이 필요합니다.

무슨…?

우리 회사는
일본의 대형 IT회사와

큰 계약을 추진 중인데
일본 측 회사가
우리 회사의
주가 불안정성을
지적하더군요.

회사의 운명을 가를
아주 중요한 계약인지라
이 지적을 가볍게
넘길 수 없습니다.

성 선생이 1년 정도
주가를 관리해주기 바랍니다.

요구 사항은 간단했다.

주가를 올려달라는 것이 아니고
얼마 이하로 내려가지만 않게
해달라는 것이었다.

우리 회사에서
30억을 투입하고
성 선생이 추가로 투입해서
4,000원 선을
지키는 것입니다.

그는 본인 회사에 투자한 사람들의
성화에 지쳐 있었고,
돌파구가 되어줄 일본 회사의 지적도
무시할 수 없었다.

이런 일은 회사에서 할 수가 없다.
아무에게나 맡기면
남 좋은 일만 할 위험이 크다.
게다가 주가를 방어하기 어렵다.
그래서 성필규를 믿고 찾아온 것이다.

2000포인트에서
얼마나 더 떨어질까?
IMF 때처럼 1/3까지
폭락은 알 될 것이고….

성필규 앞에 앉은 회사 대표는
평생 연구만 하고
살아온 사람이었다.

이런 분은 남의 뒤통수를
칠 수 없는 성향을 가지고 있다.

어려울 것도 없는
제안 아닌가.

이 회사 주가가
하락할 때
밑에서 사주기만 하면
그만 아닌가.

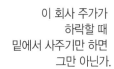

당시는 반년 만에 손실을 막고,
성필규의 계좌와 지인의 계좌를
함께 운용하고 있던 때였다.

1년간 회사 돈 30억을 이용해서
4,000원대로 방어를 하면
회사는 일본 회사와 계약을 마치고
주가는 뛸 것이다.

지난 패배를 만회할 기회였다.

거래를 시작했다.

시세 조종을 하는 것이 아니라
증권거래법을 위반하지 않고
주가가 떨어지면 사고 주가가 오르면 팔고….
편하고 여유로운 작업이었다.

그 사이 회사의 대표를 유심히 살폈지만
이상한 점은 없었다.

회사에서 준비한 30억은 대표 개인의 돈이었고
시세를 이용해 그 돈을 불릴 목적은 아닌 듯했다.

회사 주식 가격이 안정되면
연구에만 몰두하고 싶어 하는 분이었다.

어느 날 회사 대표의 전화가 왔다.

일본 측과 계약이
성사되었나 보죠?

회사 계좌를
주셔야겠어요.

일본과 계약이 아니고
M&A 전문가들과 대주주의 물량을
모두 넘기기로 계약했습니다.

얼마에 넘기기로
계약하셨습니까?

6,000원 입니다.

6,000원요?

통상적으로 주식을 다량으로 넘길 때
그 주식을 매입하여 경영권을 쥐게 된다면
'경영권 프리미엄'이 있기는 하지만
6,000원은 너무 높은 가격이었다.

또 성필규가 많이 갖고 있는 물량에는
신경 쓰지 않는 것이 이상했다.

M&A 했던 회사들을 살펴봤다.
대부분 작전하는 팀이었다.
회사를 인수한 뒤 엉터리 뉴스를 발표해서
주가를 올린 뒤
자신들의 주식을 팔아치우는 회사들이었다.

성필규의 머릿속이 복잡했다.

그때 10개월간 바닥에 붙어 있던 껌처럼
꼼짝 않던 주가가 오르기 시작했다.

오호!

짝

이들의 매수 단가가 6,000원이었으니까
최소 1만 2000원까지는 올릴 것이다.

기다리자!

다음 날.

어헉!
하한가!

다음 날도,
또 다음 날도
하한가였다.

순식간에 주가는
40% 폭락했다.

매도 물량은 모두
명동 사채업자 소유였다.

M&A 회사는 일단 회사를 인수한다는 명목으로
대주주의 물량을 산 뒤
그 물량을 명동 사채업자에게 맡기고 돈을 빌린다.
즉 사채업자의 돈으로 인수한 것이 된다.

그들은 회사 지분 안의 돈을 빼냈고,
자사주도 빼냈고,
부동산도 처분하고 어음도 발행했다.
그렇게 회사를 빈 깡통으로
만들어버렸다.

결국 사채업자에게
빚을 갚지 않으니까
사채업자는 주식을
하한가로 주문을 넣고
처분해버린 것이다.

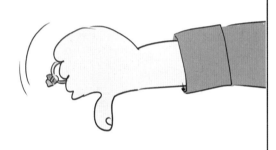

사색이 된 사장을 다그쳐서
이 사람들을 검찰에 고발했다.

검찰

그러나 그들은 고구마 줄기처럼
퍼져 있는 팀의 일원이었고
그 팀은 이미 서울지검 특수부에서 조사 중이었다.

그들은 초원에서
잔뼈가 굵은 하이에나 무리였고
성필규는 갓 태어난 임팔라였다.

성필규는 자신감을 잃었다.
주식시장에 깊은 회의를 느꼈다.

빈털터리인 성필규가
실력 하나로
부딪쳐볼 수 있는 곳은 이곳밖에 없다는
결론을 내렸다.

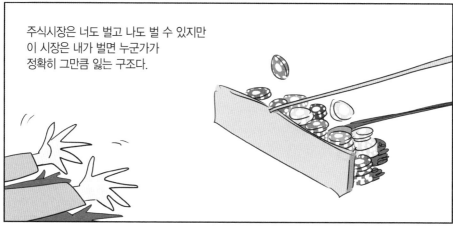

주식시장은 너도 벌고 나도 벌 수 있지만
이 시장은 내가 벌면 누군가가
정확히 그만큼 잃는 구조다.

변명이 통하지 않는
진검승부를 하는 곳.
내가 먼저 목을 베지 않으면
내 목이 날아가는 곳.

선물옵션 시장!

성필규는 선물옵션으로 옮기고 나서
큰 무리 없이 수익을 계속 올렸다.
마치 이쪽을 위해서
태어난 사람 같았다.

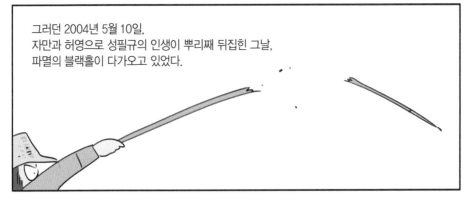

그러던 2004년 5월 10일,
자만과 허영으로 성필규의 인생이 뿌리째 뒤집힌 그날,
파멸의 블랙홀이 다가오고 있었다.

그날의 일주일 전으로 거슬러 올라간다.
5월 3일.

그즈음 성필규는 15억의 계좌에서
매주 1000~2000만 원,
매월 5000만~1억 정도의 수익을
자판기에서 커피 뽑아내듯이 얻어냈고
26주 연속 수익이란 기록을
쌓고 있었다.

저는 기자입니다.
성필규 씨처럼 신출귀몰한 투자자를
인터뷰하고 싶어요.

그렇긴 하죠.ㅎㅎ
앞으로 얼마나 더
연속 수익을 낼 수
있을 것 같죠?

제가
원하는 만큼!

정말입니까?

그렇습니다.
전 제가 원한다면 계속 수익을
낼 자신이 있습니다.

50주도
자신 있습니까?

물론입니다!

그러면 50주 연속
수익을 달성했을 때
다시 인터뷰를
합시다.

그러나 박살이 나는 데는 50주는커녕
5일도 채 걸리지 않았다.

그 당시 성필규는
선물과 옵션을 이용한
합성 거래를 하고 있었다.

그 주에 성필규는 시장의 흐름을
아래 방향으로 봤고
전략도 그 시각에 맞춰
위아래 5% 정도로 짜놓고 있었다.

다시 말해서
주가가 빠져야 유리하고
그 폭은 5% 이내여야
한다는 것이다.

시장이 그렇게 움직여준다면
지금까지처럼
손쉽게 이익을 챙길 것이고
설사 시장 방향이
예상과 다르더라도
설정해둔 폭 안에서만
움직여준다면
충분히 수익을 확보할 수 있다.

이런 거래 방식은 방향 못지않게
폭도 중요하다.
이틀에 5%가 움직이는 등락 폭은
그때나 지금이나 쉽게 나오는 것이 아니다.

5월 10일,
운명의 그날.

바둑 한판을 복기해내는
프로바둑기사들처럼
성필규는 이날의 주가 흐름을
훤히 기억할 수 있다.

잊으려 해도
결코 잊을 수 없을 것이다.
그만큼 충격이었다.

15억 계좌에서
3000만 원 손실을 시작으로
곧 5000만 원 손실이
이어졌다.

108포인트로 시작한
선물 지수가
빠르게 하락하고 있었다.

주된 포지션이
옵션 매도였던 성필규에게는
이런 흐름이 좋을 리 없었다.
늘어나고 있는 손실이 그 반증이었다.

방향은 맞췄으나
폭은 예상을
벗어나고 있었다.

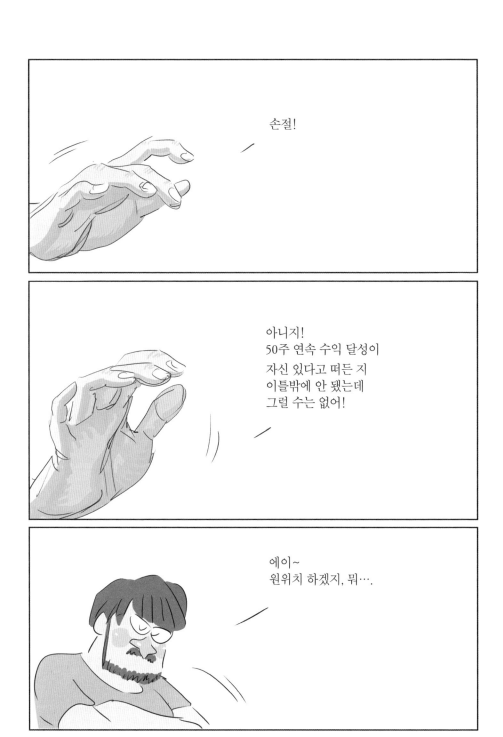

손실이 1억이 넘었다.

괜찮아.
겨우 15분의 1인데,
뭘….

이것 봐, 다시 올라와서 손실이
5000만 원대로 줄었잖아.

이건
또 뭐냐!

억!

억!

억!

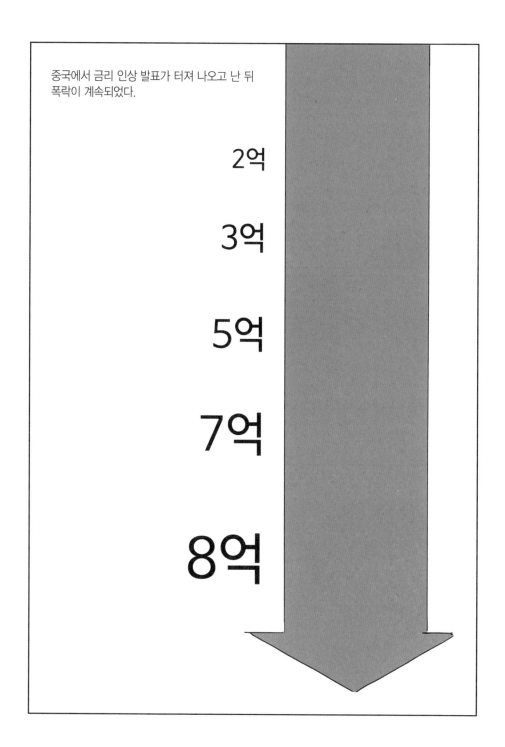

중국에서 금리 인상 발표가 터져 나오고 난 뒤
폭락이 계속되었다.

2억

3억

5억

7억

8억

성필규는 심장이 멎는 듯했다.
독사 아가리 앞에 꼼짝 못 하는
개구리 꼴이었다.

마감 30분 전.
선물 지수는
100포인트를 깨고
내려가고 말았다.

손실 금액이 10억이 넘는 순간

소, 소… 소…

손절!

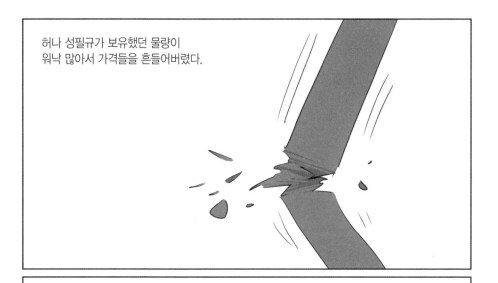

허나 성필규가 보유했던 물량이
워낙 많아서 가격들을 흔들어버렸다.

최종 손실 금액은
12억 8000만 원

풋옵션 매도를 해놓아서
장중 지수 10%의 폭락으로
엄청난 손실을 입었다.

그날 성필규는
전 재산을 날리고
9억의 부채를
지게 되었다.

주식시장에서의 실패 후
그 모든 빛을 갚아나가면서 숨죽이며 지냈던
시간이 얼마였던가….

이루어질 듯하다가
꼬꾸라지는 성필규는 운명을 한탄하면서
목 놓아 울었다.

앙드레 코스톨라니가 말한
세 번의 파산이었다.

다음 날 뜨는 해는
지금까지처럼 환하지 않았다.

그래도 성필규는 일어나야만 했다.

내가 잘할 수 있는 일은
이것뿐이다!

지금까지 했던 방식으로는
이런 날이 또 올 것이다.
거래 방식을 바꾸자.

아무런 감정이 개입되지 않는
시스템 트레이딩이 답이었다.

성필규는 많은 경험과
거래 아이디어를
프로그램으로 만들어서
시스템 거래를
하기로 결정했다.

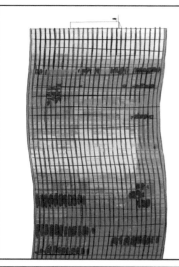

주식시장은
반드시 주가가 올라야
수익을 낼 수 있지만
선물이나 옵션 시장은 다르다.
그저 오를지 내릴지를 맞춰야 하는
머니게임일 뿐이다.
시장의 여러 변수들을 종합해서
시장을 예측하도록 설계해서
그것을 컴퓨터가
그대로 작동하게 하는 것이
시스템 트레이딩이다.

성필규의 경험을 프로그램화하는 일은
생각보다 쉽지는 않았다.

성필규 팀이
시행착오를 거듭하고 있을 때
먼저 뛰어든
시스템 트레이더들 중에는
놀라운 성과를 보이는
팀들이 있었다.

2006년,
성필규 회사 계좌는
35%의 수익을
올리고 있었는데
5월 30일에 매도 포지션으로
풀 베팅한 채 오버 나잇*을
감행했다.

● 오버 나잇(over night)
보유한 주식이나 파생 상품을
당일 청산하지 않고 다음 날까
지 쥐고 가는 것.
이 경우 밤사이 보유 포지션
방향에 유리한 시장 요인이 발
생하면 다음 날 개장부터 큰
수익을 확보하고 시작할 수 있
다. 물론 그 반대의 경우에는
위험을 직면하게 된다.

매도 포지션으로 풀 베팅했다는 것은
시장의 예상 진로를 아래 방향으로 보고
승부수를 던졌다는 얘기다.

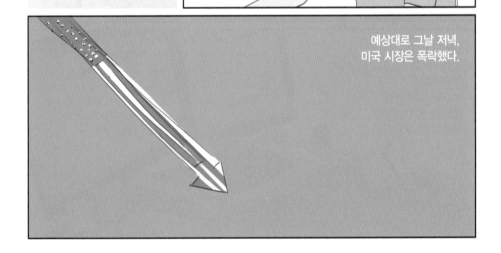

예상대로 그날 저녁,
미국 시장은 폭락했다.

그다음 날이 지방선거일이라 휴장일이 아니었다면
단단히 재미를 볼 수 있었으나 기다릴 수밖에 없었다.

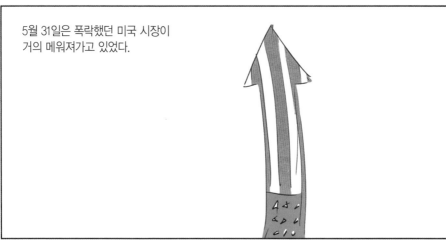

5월 31일은 폭락했던 미국 시장이
거의 메워져가고 있었다.

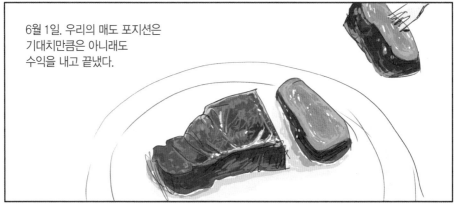

6월 1일. 우리의 매도 포지션은
기대치만큼은 아니래도
수익을 내고 끝냈다.

그런데도 성필규는
어딘가 잘못되어가고 있다는 느낌을
지울 수 없었다.

불길한 예감은 왜 그리도
잘 맞아떨어지는지….

그로부터 한 달 만에 1년 반 동안 벌어놓았던 수익을
모조리 시장에 반납했다.

당시 성필규 회사의 시스템은
약점이 있었다.

아이디어는 성필규의 몫이었고
그것을 프로그램화하고
주문하는 것은 직원들 몫이었는데

직원들의 작업 진도가
예상보다 더딘 상황이었다.

그런 까닭에 거래 전략들의 약점을
가다듬는 작업은 손도 못 대고 있었지만
성필규는 그 약점이 시장에 연속적으로
노출되기는 쉽지 않을 터이니
어지간해서는 버틸 수 있을 것으로
봤던 것이다.

이것은 큰 판단 착오였다.

미미한 수익일지라도
올바른 방향이라 믿고 왔는데
모든 것이 원점으로
돌아가버린 것이다.

사막 한가운데
서 있는 기분이었다.

회사는 대양 한가운데
무풍지대에 들어가서
꼼짝도 못 하는
조난 상태였다.

회사 창립에 3억을
투자해준 분께
미안해서 할 말도
못 하고 있었다.

김 사장님 저어….

저에게 시간을 주십시오.
투자하신 돈은 꼭….

7억을 더 넣어줄게.

예, 옛?

툭

무슨 일로
답이 보이지 않는 제게
또 투자를 하십니까?

너만큼 열심히
일하는 사람을 본 적이 없어.
그런 사람에게 하는 투자는
실패해도 아깝지 않다는 게
내 생각이야.

고맙습니다!

이 기회에
시스템 트레이딩으로 눈부신
성과를 내고 있는 A 사장을
한번 만나보는 게 어때?

배울 것이 있을 거야.

그러지 않아도 그분을
꼭 만나고 싶었습니다.

A 사장은 성필규의 회사와
비교할 수 없을 정도로
잘나가고 있었다.

A 사장은 영국 프리미어 리그 축구 선수였고
성필규는 동네 조기 축구 선수였다.

A 사장은 내가 뭐 이런 사람을 만나서
시간을 축내고 있나, 하는 기분이었을 것이다.

대신 성필규는 절박했다.
무엇보다 제대로 된 방향으로
가고 있는지 비교·평가해볼
대상이 필요했다.

사장님, 각각 회사의 시스템을
하나씩만 바꿔서 살펴봤으면
좋겠습니다.

그러지 말고
그쪽 시스템을
먼저 보내보시오.

얼굴이 화끈거렸다.
더 이상 앉아 있을 이유가 없었다.

사장님!

마지막으로 한 가지만
묻겠습니다.

시스템 트레이딩
이거 되는 겁니까?

됩니다.
그러나 아무나
할 수는 없습니다.

성필규는
그 짧은 답 하나만으로
그 자리에서 모든 것을 얻어냈다.

당신이 해냈다면
나도 할 수 있어!

2006년 가을에는
적잖은 시스템들을 구축할 수 있었다.

그중 가장 핵심적인 것은
아침 동시호가에 주문을 넣고

무조건 장 마감에 정리하는 방식이었다.
"홀짝 시스템."

홀 아니면 짝.
일종의 찍기 시스템인데
그 날의 시장은 오르거나 내리거나
둘 중 하나일 수밖에 없다는 데
초점을 맞춘 것이다.

우리 시장을 관찰한 결과
아침 동시호가는 전날 저녁에 열린
미국 시장을 그대로 따라가고 있었다.
여기서 얻은 힌트를 바탕으로
몇 가지 테스트를 거쳐
신뢰할 수 있는 결과물을 얻어낸 것이다.

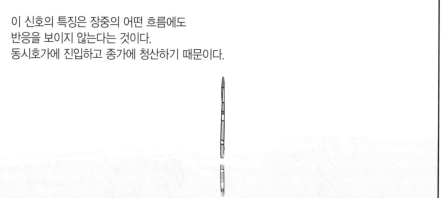

이 신호의 특징은 장중의 어떤 흐름에도
반응을 보이지 않는다는 것이다.
동시호가에 진입하고 종가에 청산하기 때문이다.

홀짝 시스템 말고도
다양한 아이디어를 구현하고
검증 작업을 거쳐 주축이 될 만한
시스템들을 확보해나갔다.

이제 이 시스템들이
성필규를 벼랑으로 밀어낼지 아니면
그의 날개가 되어줄지 확인하는 일만 남았다.

2007년 시스템이
서서히 성과를 내기 시작했다.
믿기지 않을 정도로
착착 맞아떨어졌다.

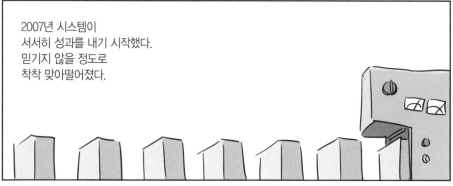

방향이 나오면 나오는 대로
또 안 나오면 안 나오는 대로
각자의 역할을 다하면서
맞물려 돌아가는 시계 부품들처럼
시스템들은 충실하게
시장의 흐름을 받아내고 있었다.

그해 여름 성필규의 어깨를 짓눌렀던 부채를
모두 청산했다.

2007년 여름 한숨 돌리고 있던 성필규는
심상치 않은 시장의 흐름을 감지했다.

성필규는 또 한 번 승부에 들어갔다.

자금을 차입해
옵션 시스템에 투입하기로 결정한 것이다.
지난 1년간의 운용 상황은
성필규를 자신 있게 만들었다.

당시 파생 전문 사이트 'FO24'에
여러 회사들이
계좌 수익을 매일 오픈하면서
경합을 벌이고 있었다.

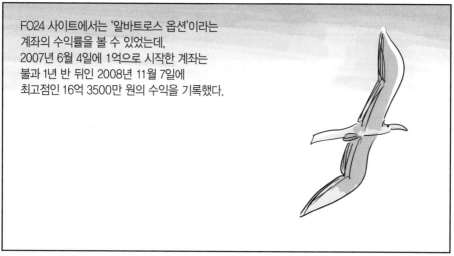

FO24 사이트에서는 '알바트로스 옵션'이라는
계좌의 수익률을 볼 수 있었는데,
2007년 6월 4일에 1억으로 시작한 계좌는
불과 1년 반 뒤인 2008년 11월 7일에
최고점인 16억 3500만 원의 수익을 기록했다.

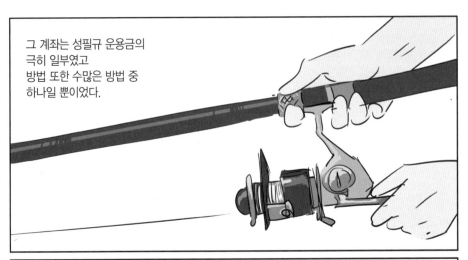

그 계좌는 성필규 운용금의
극히 일부였고
방법 또한 수많은 방법 중
하나일 뿐이었다.

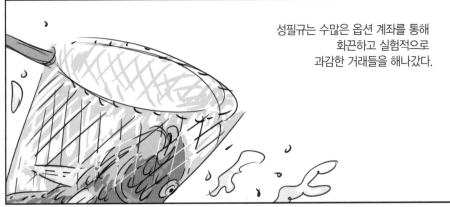

성필규는 수많은 옵션 계좌를 통해
화끈하고 실험적으로
과감한 거래들을 해나갔다.

물론 단서가 있었다.
시장 흐름을 쫓아가는 추세 거래,
철저한 시스템 운용,
켈리 공식*에 의거한 적극적 자금 관리.

● 켈리 공식
거래 손익에 따라 자금을 증감시키는 원칙.
수익이 나면 그다음 거래 때 투입 자금을 늘
리고 손실이 나면 투입 자금을 줄이는 방식.
정확한 계산과 지루한 실천이 필요하지만
거래가 잘 풀리지 않을 때는 자금을 최대한
지켜내고 거래가 잘 풀릴 때는 과감히 몰아
쳐서 운용 효율을 극대화시키는 고도의 전
략이다.

트럼프를 할 때
어느 한 사람에게
지속적으로 유리한 패가
뜰 수는 없다.
대부분 비슷하게
카드가 돌아간다.

차이는
아주 좋은 카드가 떴을 때
판을 키우는 능력과
카드가 좋지 않을 때
기다릴 줄 아는 인내력이다.

주식은
순한 맥주,

선물은
독한 양주,

옵션은
잘못 마시면
머리 터지는
폭탄주이다.

그런데 투자자 대부분이
주식으로 망해서 선물로 뛰어들고,
선물이 안 되면
마지막으로 옵션으로 뛰어든다.

옵션에는 주식이나 선물과는
비교할 수 없는 한 방이 있다.

그런 한 방을 내가 만날 수 있을까?
그럴 가능성은 단언컨대…

없다.

그런데 성필규는 뛰어들었다.

무수히 경험했고
무수히 따져봤던 터였다.

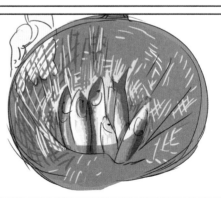

승부사는 이길지 질지
알 수 없는 게임에
뛰어드는 것이 아니다.
이미 이겨놓고
그것을 확인하러
들어가는 것이다.

마침내 2008년.

새해 시작은 느낌이 이상했다.

1월에 그린 장대 음봉은
그때까지 대한민국 증시에서
볼 수 없었던 가장 큰 음봉이었다.

성필규는 연초부터
가격 불문하고
큰 매도세가 나왔다는
사실에 주목했다.

2008년 상반기에는
보통 사람이 엄두도 내지 못할
최고의 공격적 레버리지 전략을 썼다.

승부를 낼 때의 긴장감,
그리고 예측이 맞아떨어졌을 때의 느낌.
숨을 쉬면서 숨을 멈춰야 했고
치열한 생각 속에 치열한 마음을 비워야 했다.

하루의 승부가 끝나면
승부를 복기할 틈도 없이 잠에 빠져들었고
한숨 자고 나면 바로 또 승부가 벌어졌다.

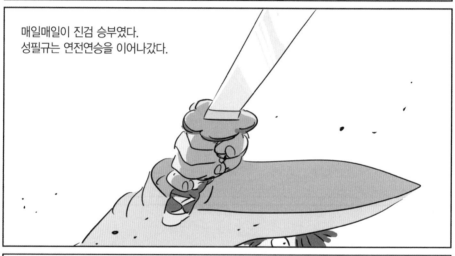

매일매일이 진검 승부였다.
성필규는 연전연승을 이어나갔다.

2008년 7월 말
그동안 선물 계좌는
지속적으로 고점을 높여가는데
옵션은 정체되어 꼼짝 안 했다.
3월 17일에 478%를 찍은 후
361%까지 내려갔던 옵션이
7월 8일에 512%로 뛰어올랐다.

시장의 경험으로 볼 때
신고가 갱신은
결코 간과할 수 없는
신호였다.

성필규는 망설이지 않았다.
가용할 수 있는 모든 자금을
옵션 계좌에 밀어 넣었다.

2008년 10월 리먼 브라더스의 파산 소식이
뉴스를 온통 도배하고 있었다.

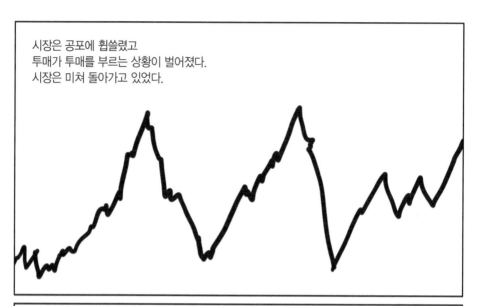

시장은 공포에 휩쓸렸고
투매가 투매를 부르는 상황이 벌어졌다.
시장은 미쳐 돌아가고 있었다.

그런 가운데 성필규의 시스템들은
최고 수익과 최고 손실을
번갈아가며 찍고 있었다.

최대 수익과 최대 손실이란 절대 위기이자
절대 기회가 눈앞에 왔다는 것을
직감했다.

시장은 예측 불허의 상황 속에서도
결국 시장이 가고자 하는 방향으로
가고 마는 특성이 있다.

이런 흐름을 타는 것이 딜러로서의 임무였다.
지난 2004년의 통한을 떨쳐낼 수 있는
유일한 기회였다.

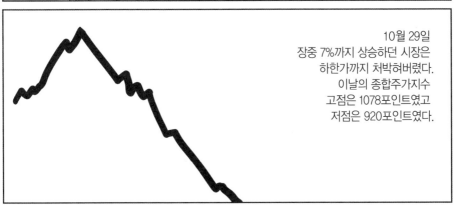

10월 29일
장중 7%까지 상승하던 시장은
하한가까지 처박혀버렸다.
이날의 종합주가지수
고점은 1078포인트였고
저점은 920포인트였다.

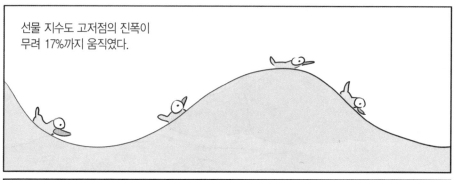

선물 지수도 고저점의 진폭이
무려 17%까지 움직였다.

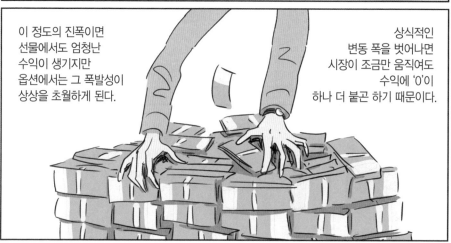

이 정도의 진폭이면
선물에서도 엄청난
수익이 생기지만
옵션에서는 그 폭발성이
상상을 초월하게 된다.

상식적인
변동 폭을 벗어나면
시장이 조금만 움직여도
수익에 '0'이
하나 더 붙곤 하기 때문이다.

성필규의 회사 계좌는
지난 몇 달 동안의 수익보다
이날 하루의 수익이 더 컸다.

시가총액으로 얼마가 날아갔다고 저녁 뉴스가 나오던 날.

성필규 회사의 실적 덕분에 거래처였던 모 지점은 증권사 전국 지점에서 유일하게 수익을 낸 것으로 기록되기도 했다.

많은 사람들이 성필규가 2008년 금융 위기에서 어떻게 엄청난 수익을 올렸는지 궁금해한다.

파생 상품은 매수자의 손익과 매도자의 손익을 더하면 총손익이 제로가 되는 제로섬(zero-sum) 게임이다.

매도자가 이익을 보면
매수자가 손실을 보고

매도자가 손실을 보면
매수자가 그만큼 이익을 보는 구조이니만큼

대다수가 손실을 입는 곳의
반대편에 서야 한다.

이것은 아무 때나 가능한 것이 아니다.
시장 안의 사람들이
극도의 탐욕이나 공포에 시달릴 때
비로소 가능해진다.

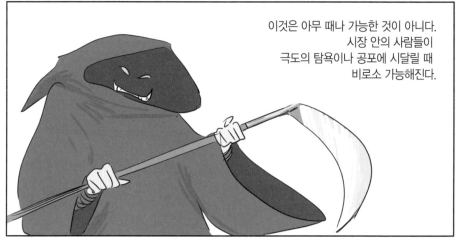

2008년 가을 성필규의 계좌는
시장을 빨아들이듯 수익을 챙겼다.

그리고 11월 성필규는 수익의 정점에 서 있었다.

마침내 승부는 적중했고
도전은 성공했다.

성필규의 성공에 대한 동경으로
찾아오는 사람들을 만나다 보니 빠르게 지쳐갔다.
마흔이 채 안 된 나이에도 흰 머리, 흰 수염이
눈에 띄게 늘었다.

쉬어야 할 순간이었다.

사람들을 피하고
몸을 추스르기 시작했다.

담배를 끊고 불어난 체중 관리를 했다.

2009년 말에 투자자문사 설립과
해외 진출을 결정했다.

투자자문사를 차리면 욕먹어 죽거나
굶어 죽거나

둘 중 하나라는
말이 있다.

투자 고객과의 관계에서
발생하는 스트레스가 심하고
평판과 성과 모두를 잡아내야 하는
사업이기 때문이다.

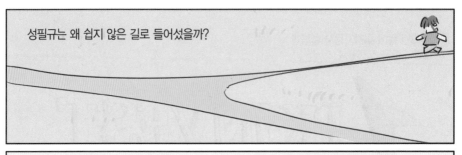

성필규는 왜 쉽지 않은 길로 들어섰을까?

제도권으로 올라갈 것이냐,
재야에 남을 것이냐.
이것은 회사가
나아갈 방향이었고
내 인생을 건 선택이었어요.

나에게 제도권은
강과 바다만큼이나
다른 영역일 수 있으니까.

PK INVEST

집채만 한 파도가 오더라도
기껏 소주잔 하나 쥐고 있으면
그만큼밖에 담지 못하는 것 아닌가.

많은 것을 얻고자 한다면
큰 그릇을 준비해야 한다.

치킨집 차리자마자
조류독감 맞은 꼴인가.

파생 거래에 대한 좋지 않은 뉴스가 연일 터져 나왔다.

· 고속버스터미널 폭탄 사건
· 유명 스포츠 선수 파생 거래 피해 사건
· 11월 11일 운용사 파산 사건
· 금융감독원 ELW 시장조사
· 시스템 트레이딩 사기 행각 발각

짜짹짜짹 짜짹 짜짝 짜짹 짜짹짜짹 짜짹짜짹 짜짹

카나리아를
키우길 잘했어.

카나리아는 예민한 동물이다.
성필규는 오히려 그런 예민한 녀석들이 좋았다.
삭막한 도시를 잊을 만큼
아름다운 노랫소리가 좋았다.
스트레스가 생기면
이 방에서 잊을 수 있었다.

회장님,
손님 오셨습니다.

안녕하세요.
4년 전에 만났던
박 기자입니다.

예, 기억합니다.
앉으시죠.

그때 그 차
아직도 타세요?

차종은 그대로고
차만 새것으로
바꿨습니다.

다음 날 인터넷 포털 메인 화면에
이런 제목의 글이 떴다.

"가수 임재범 Feel의
벤틀리 타고 다니는 투자 고수"

부끄럽고 당황스러워
말도 나오지 않았다.

그날 인터넷 댓글에는
네티즌들의 돌멩이가 수도 없이 날아들었다.

파생 거래를 하는 사람들은
모두 투기꾼이라는
인식이 팽배해 있었던 것이다.

자존심이 강한 성필규는 상처받았다.
그러나 그것도 헤쳐나가야 할 늪이었다.

그럼에도 고객들의 수탁고는
천천히 채워지고 있었다.

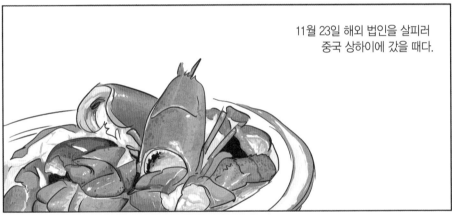

11월 23일 해외 법인을 살피러
중국 상하이에 갔을 때다.

서울에서 전화가 왔다.

포격은 멈췄다는데
정말 전쟁이 터지는 것일까?
귀국은 할 수 있을까?
시장은 열릴까?
외국인은 시장 비중을
어떻게 할까?

다음 날 아침 국내 기사들은 아우성이었고,
예상대로 시장은
큰 폭으로 하락했다.

그때 우리 시스템은
모두 매수 쪽을 가리키고 있었다.

회장님
이런 상황에서
매수 포지션에 전부 몰려있으니
직원들이 긴장하고 있습니다.

일단 물량을 줄이고
추이를 봐야하지
않겠습니까?

서울에서 전화가 왔다.

이런 사태는 처음인데 어떻게 해야 할까?

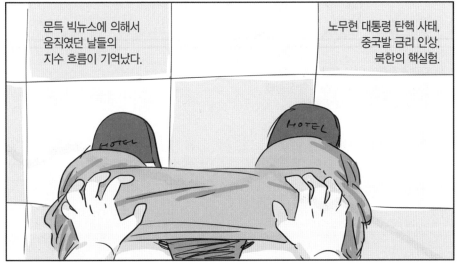

문득 빅뉴스에 의해서
움직였던 날들의
지수 흐름이 기억났다.

노무현 대통령 탄핵 사태,
중국발 금리 인상,
북한의 핵실험.

모두 장중에
큰 폭의 하락이 있었고
장 마감 무렵에는
상당 부분 회복하고
마무리되는 흐름이었다.

그때는 모두 장중에
발생한 뉴스였다.
그리고 주가의 방향은 아래였다.

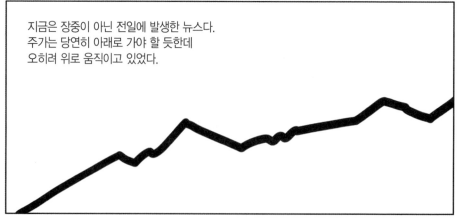

지금은 장중이 아닌 전일에 발생한 뉴스다.
주가는 당연히 아래로 가야 할 듯한데
오히려 위로 움직이고 있었다.

기본으로
돌아가자!

가격은 이미
모든 상황을
반영하고 있다!

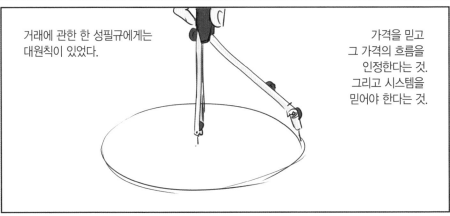

거래에 관한 한 성필규에게는
대원칙이 있었다.

가격을 믿고
그 가격의 흐름을
인정한다는 것.
그리고 시스템을
믿어야 한다는 것.

우리는
그대로 간다!
흔들리지 말라!

그 원론적인 믿음엔
보답이 있었다.

바로 이날,
성필규는 2010년 최대의 수익을
기록했다.

이날 많은 시스템 트레이딩
업체들은 손실을 봤다.

비상식적인 상황에서
자신들의 시스템을 믿지 못했고,
그런 나머지 인위적인 개입으로
손실을 본 것이다.

덕분에 PK투자자문에
자금을 맡긴 고객들은
짭짤한 수익을 맛봤다.

정말 시장은 알 수 없다.

2011년 8월 초대형 사건이 터졌다.

"미국의 신용 등급 강등"

이 사건으로 세계의 리더인
미국에 대한 평가가 뒤바뀌어버렸다.
이 사건은 미국 부도설과
제2의 리먼 사태에 대한 두려움으로 번져서
연일 시장을 강타했다.

2년간 치솟았던 지수는
불과 한 주 만에 500포인트 폭락했다.

이럴 때 기회를 놓치지 않고
수익을 올리는
PK투자자문회사 상품은
언론의 주목을 받았다.

다시 고객이 늘기 시작했다.

이때 성필규는 느꼈다.

자금을 맡겨 운용하려는 분들은
딱 두 가지 사실을 알아야 한다.

수익은
곧 위험과 같다는 것.

본인이 견딜 수 있는
위험 수준이
어느 정도인가 하는 것.

투자자가 운용자에게 정확히 알려야 하는 것은
투자자 본인이 감당할 수 있는 손실의 한계다.

50%의 손실을 견딜 수 있다면
정말 거기까지 갈 수 있다는 사실을
잊지 말아야 한다.

그 선에 닿으면 '운이 여기까지구나'
여기고 미련 없이 돌아서야 한다.

30% 손실을 감수하겠다는 투자자도
대부분 15%가 넘으면 불안해한다.

이래서는 투자자나 운용자,
양쪽 모두 피곤해지고
최종 결과가 좋지 않을 가능성이 커진다.

어쨌든 8월의 위기 상황은
PK투자자문에게 좋은 기회를 만들어줬다.

파생 상품은 몇 개월 이상 좋은 흐름을 타면
기대 이상의 성과를 볼 수 있다.

2012년에는 전년도의 성적이 좋아서인지
많은 자금이 들어왔다.

그러나 좋은 일만 계속되지는 않았다.

2012년 초는 저변동성 장세가 계속되었다.

PK투자자문은 고전했고 손실이 두드러졌다.
일부 고객들은 견디지 못하고 떠나갔다.

春蘭秋菊   各有其時

춘란추국   각유기시

"봄의 난초, 가을의 국화는 저마다 자신의 시간이 있다."

2012년 하반기부터
변동성이 다시 살아나면서
계좌들은 손실을 메우고
수익을 올렸다.

테헤란로 포스코 사거리에 '하동관'이란 곰탕집이 있다.

저쪽으로 앉으세요.

마음씨 좋아 보이는 할아버지 사장님이 문 앞에서 손님을 맞이한다.

이 집의 곰탕은 맛있기로 소문이 난 곳인데 아침과 점심 딱 두 끼만 판다.

그러다 오후 4시면
문을 닫는다.

왜 곰탕집 얘기인가?

이분이 돈을 더 벌고자 한다면
저녁 장사에다 술까지 파는 것이 옳다.

그러나 이분은 그러지 않는다.
돈을 더 벌고자 하는
욕심이 없다.

손님들에게 친절하고
매일 아침에
재료를 점검하고

수십 년간
하루도 빠짐없이
점심으로
자신의 가게
곰탕을 먹었다.

혹시라도 맛이 변한 것은 없는지
손님 앞에 놓일 한 끼 한 끼에
모든 정성을 쏟는 것이다.

성필규가
PK자문사를 차릴 때
이 하동관을 생각했다.

한두 해 늦더라도 열심히 해나가면
언젠가는 원하는 대로 될 것이다.

謀事在人　　　　　成事在天

모사재인　　　　　성사재천

"일을 만드는 것은 사람이지만, 일을 이루는 것은 하늘에 달려 있다."

나는 이 문구를 좋아한다.
시장 앞에 서 있는 한,
한 명의 승부사로서 최선을 다할 뿐이고
결과에 연연하지 않을 것이다.
모든 결과는 하늘에 맡기겠다.

옛날 어떤 왕이
나라에서 가장 학식이 높은 학자에게 명했다.

세상의 모든 지혜를 정리해 오라.

세월이 흘러 그 학자는 어마어마한 분량의
지식을 모아 왔으나 왕은 그걸 다 읽을 수 없었다.

전 내용을
단 한 권으로
요약해 오너라.

학자는 다시 오랜 시간 동안
모든 기록을 재정리하여 한 권의 책에 담아 왔다.

그… 그… 그 내용을
종이 한 장에 정리해 오너라….
헉… 헉….

마침내 학자는 종이 한 장에 정리한 세상의 지혜를
들고 왔으나 왕은 임종 직전이었다.

이… 이… 읽을 수 없으니
말로 해… 말로…. 헥… 헥….
헉… 헉….

세상의 지혜는
이렇습니다.

사람은 태어나고,
병들고, 늙고, 결국 죽는 것입니다.

아~

투자자들은 성필규에게 이런 질문을 한다.

투자의 요체가 무엇이고
이기는 비법은 무엇이죠?

첫째, 자신이 어떤 투자자인지를 알고
자신만의 길을 정리하세요.
둘째, 게임의 법칙을 파악하고
싸워서 이기는 것이 아니라
이겨놓고 싸워야 합니다.
셋째, 자금 관리를 생명처럼 여기세요.
넷째, 겸손하고 꾸준히 노력하세요.
다섯째, 투자 심리를 꿰뚫으세요.

이것마저도 너무 길어서
한마디로 요약하자면

투자는
마음의 게임(mental game)

입니다.

첫째, 자신만의 길을 가라

투자 귀재 워런 버핏의 재산은 80조가 된다.

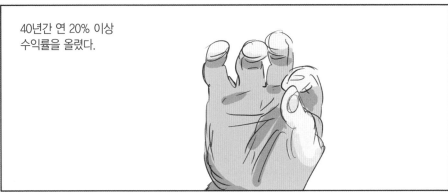

40년간 연 20% 이상
수익률을 올렸다.

땡!

겨우 20%?

시드머니 1000만 원으로
40년간 연 20%
수익을 올린다면
40년 후 그의 재산은
122억 4810만 원이 된다.
1224배의 수익이다.

10억으로 시작했다면
자그마치 1조 원으로
불어난다는 계산이다.
복리의 마술이다.

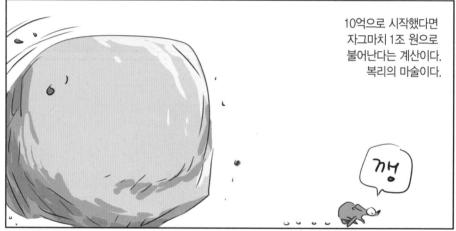

8년간 장기 투자를 한 투자자가
한탄을 한다.

버핏식 장기 투자를
하고 있는데
수익은커녕 본전도 회복이
안 되어 있어요.

버핏은 우리와 큰 차이점이 있다.

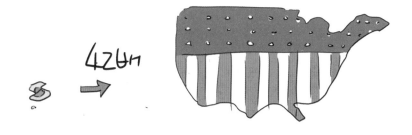

버핏은 세계경제를
주도하는 미국에서 그것도 그 나라가
최고 안정기일 때 투자를 시작했다.

버핏이 투자자로서 기반을 다진
1950년~1970년대에는
제2차 세계대전 직후
세계경제의 재건과
대규모 소비 대중의 출현으로
자본주의의 황금기였다.

주식시장에서 '반드시' 또는 '언제나'라는 말은 없다.
반드시 성공하고 언제나 수익을 낼 수 없다.

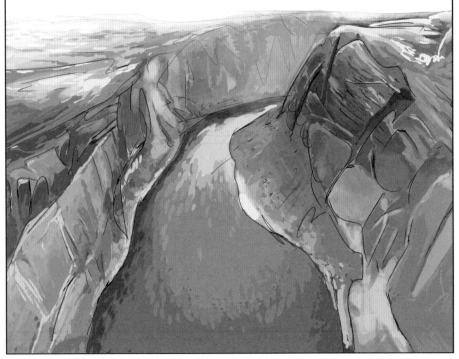

우리는 결국 버핏이 아니다.
자신이 누구인지 정확히 짚어야 한다.
자신만의 길을 찾아야 한다.

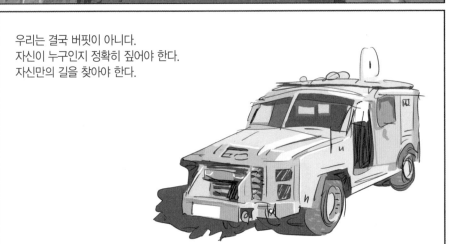

이 시장은 도박이라고 말하는 사람들이 많다.

하루 앞을 예측할 수 없다는 점,
수많은 변수에 따라 승자와 패자가 나뉜다는 점,
강한 중독성이 있다는 점,
멋모르고 할 때는 괜찮다가
알 만하면 나락으로 떨어진다는 점,
아홉 번을 이기고도 단 한 번 베팅 실수로
모든 것을 잃기도 한다는 점.
이 시장의 겉모습에는
분명 도박과 유사한 점이 많다.

성필규도 초창기에는 강한 운과
승부사적 기질만 믿고 덤볐다.

그러다가
언제부터인가
깨달았다.

아, 이게 아니구나.
도박과 투자시장은
확실한 차이가 있구나.

이길 확률이 50%,
질 확률이 50%라면
그것은 도박이다.

어릴 적 홀짝 놀이, 동전 던지기를 생각해보면
쉽게 알 수 있다.

이런 게임에서 이긴다는 것은
실력이 아니라 요행수 때문이다.

전 재산을 요행수에 맡기겠는가?

요행수가 아니고 이기는 방법을 알면
그때부터는 투자가 된다.

동전을 던져서 앞면이
나올 확률은 반반이지만
어떨 때는 열 번 연속
앞면만 나올 수 있다.

허나 동전 던지기를
수백 번 하다 보면
결국 확률은 반반이 된다.

이기는 방법을
단 1%라도
더 확보하고 있다면
승부는 시간문제일 뿐

결국 1% 더 있는 쪽으로
기울게 되어 있다.

야구에서 3할대 타자면 높은 타율이듯
투자에서도 3할대 이상이면 좋은 승률이다.

3번 따고
7번 잃는데
좋은 승률이라고?

타율 1할대면 도태,
2할대면 불리,
3할대면 대박.

성필규는 열 번 투자해서
예닐곱 번 손절하는 것은
당연하다고 말한다.

수익이 손실로 바뀌고
손절 선까지 건드리면
미련 없이 던진다.

그러나 일곱 번은
손절 선을 넘기지 않으니까
피해를 최소화한다.
반면 성공한 세 번에서 수익을
극대화하기 때문에
제대로 베팅이 먹히면
손실을 몇 곱절 상회한다.

사회적, 경제적, 통계적, 심리적 요인과 같은
다양한 분석틀로 핵심에 근접해야 한다.

'이겨놓고 싸우라'는 말은 바로 그 핵심에 근접한 후
실전에 들어가라는 말과 같다.

투자를 할 때 반드시 필요한 두 가지가 있다.

· 손을 떼어야 할 선
· 그 선을 건드리지 않게 설계된 자금 관리

무수히 많은 투자자들이
이 시장에서 망가지는 이유는
자신이 질 수도 있음을 모르기 때문이다.

증권가를 잘 아는 사람이
좋은 주식을 추천해서
앞뒤 보지 않고 매수했는데
주가가 하염없이 빠졌다면,

좀 더 가지고 있으라는 친구의 말만 믿고
손절매를 하지 않았다가 큰 손실을 봤다면,

이것은 멈춰야 할 기준이 없었기 때문이다.

넷째, 겸손한 마음으로 꾸준히 노력하라

'1만 시간의 법칙'이 있다.

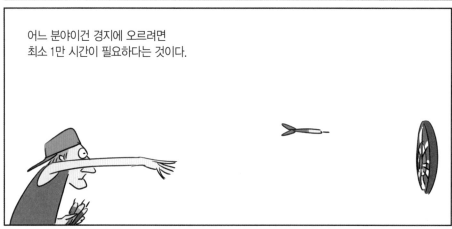

어느 분야이건 경지에 오르려면
최소 1만 시간이 필요하다는 것이다.

하루 24시간 기준이면
400일이 넘는 시간이다.

밥먹어!

먹고 자는 시간, 기본적인 생활 유지의 시간을
제외한다면 하루 10시간 정도가 남을 텐데
1만 시간을 공들이려면 1,000일을 투자해야 한다.

양복 만들기에도
10년이 걸린대요.

만화도
마찬가지고
1,000일은
너무 짧아요.

최소한
1,000일이라는
겁니다.

한국 바둑계의 두 거목
조훈현과 이창호의 얘기다.

조훈현과 이창호는 6년 동안 같이 생활하면서
바둑을 몇 판 두었을까?

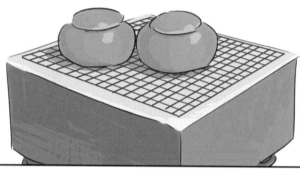

단 3번의 대국이
있었을 뿐이었다.

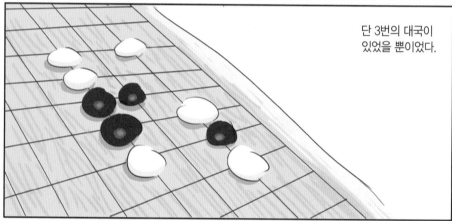

그 3번의 대국을 제자는
일생의 영광이자 가르침으로 여기고
수백 번 복기하고 분석하면서
스승의 기량과 안목,
마음가짐까지 터득하여
스승을 능가하게 된다.

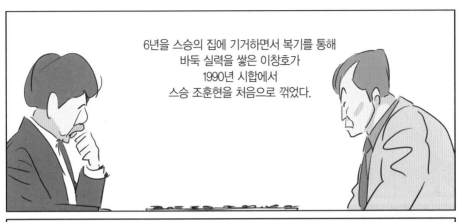

6년을 스승의 집에 기거하면서 복기를 통해
바둑 실력을 쌓은 이창호가
1990년 시합에서
스승 조훈현을 처음으로 꺾었다.

조훈현은 스승으로서 기쁨과 보람을 맛본 날이었으며
최대의 강적을 자기 손으로 키웠음을
깨달은 회한의 날이었다.

이창호에게는
한국 바둑계의 거목을 꺾은 날이자
그간의 피나는 수련에
마침표를 찍은 날이었다.

스승과 제자는 집으로 돌아와
서로 아무런 말 한마디 없이
각자의 방으로 들어갔다.

야심한 시각

집안 분위기가
하도 을씨년스러워
잠을 못 이루던 조훈현의 부인이

이창호의 방에 불이 켜져 있는
것을 보고 방문을 열어보았다.

온 에너지를 쏟아부으며
새로운 천하를 위해
대결을 치르고 온 그날
그 깊은 시각에 이창호는
바둑판을 앞에 놓고
그 날 스승과 두어 이겼던 바둑을
한 수 한 수 복기하고 있었다.

성필규는 입문 초기부터 차트를 인쇄해
대학 노트에 붙이고
진입과 청산 시점을 체크한 뒤
진입 이유, 청산 이유, 청산 목표와 손절가 등을
깨알같이 적으며 공부했다.

시장 최고수의 책 백 권을
읽는 사람보다
자신의 매매에 대해
처절하고 냉정하게
되돌아보는 사람이 훨씬 낫다고
성필규는 말한다.

시장은 나태하고
오만한 자를 응징한다.

다섯째, 투자 심리를 꿰라

투자의 세계에서는
일반 투자자와 기관의 차이가
생각보다 크지 않다.

정보나 이론, 물량 모든 면에서
기관은 개인을 앞선다.

아무리 개인이 노력한다 해도
경제 전망, 경기 동향, 업종 및 기업 분석 등에서
기관을 앞설 수 없다.
그런데 왜 차이가 없다고 하는가?

앙드레 코스톨라니는 말했다.

투자는 부와 파산을 넘나드는 위험한 항해이다.
항해를 하려면 좋은 배와 노련한 항해사가 필요하다.
좋은 배는 돈과 인내, 철사처럼 강인한 신경을
갖고 있는 사람이다.
또 노련한 항해사는 누구인가.
경험이 풍부하고 주관이 뚜렷한 사람이다.

코스톨라니는
투자로 성공하기 위한 기본적인 요소는
'사고하는 인간'이라고 했다.

공자(孔子)는 안자(顔子)라는 제자가 있었다.
안자가 배를 타고 강을 건너는데
사공의 모습에 눈이 갔다.

사공은 편안한 표정으로
즐겁게 노를 젓고 있었다.

저 같은 사람은
노 젓는 법을
배울 수 있습니까?

물론입니다요.

수영을 잘하는 자는
연습만 하면 곧 배울 수 있고
잠수를 잘하는 자는
배를 본 적이 없어도
바로 저을 수 있습니다요.

무슨 말씀인지…??

스승님,
배사공의 말뜻을
헤아리지 못했습니다.

수영을 잘하는 자가
노를 잘 저을 수
있다는 이유는
물에 빠지는 것을
겁내지 않기 때문이다.

또 잠수에 능한 자는 배가 뒤집
히더라도 당황하지 않으니까
오로지 노 젓는 일에만 전념한
다는 뜻이다.

기왓장 하나를 걸고 내기를 하면
기가 막히게 잘하는 자가
기와집 내기를 하면 주눅이 들고,
황금을 걸고 내기를 하면 정신이 혼미해진다.
그자의 기술은 언제나 같지만
물건에 마음을 뺏기면
행동이 뜻대로 안 된다는 것이지.

나는 이 말이 시장에 뛰어든
투자자의 심리를 관통하고 있다고 본다.
마음을 재물에 두면 뜻대로 움직이지 못한다.
시장에서 큰 수익을 거둘 수 있었던 것은
모니터의 시시각각 변하는 계좌 손익에서
내 마음을 지키기 시작한 때부터였다.

투자자가 자신의 투자 급수가 궁금하다면
자신의 계좌를 보면 된다.
눈에 보이는 것만 믿어라.
강한 자가 고수가 아니라 살아남은 자가
고수다.

급수가 낮은 자일수록
작게 여러 번 벌고
크게 한 방에 잃는다.

고수는 투자 전략과
투자 습관까지
치밀하고 탄탄하다.

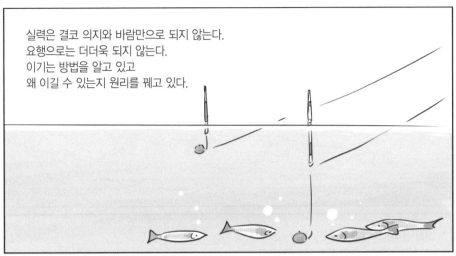

실력은 결코 의지와 바람만으로 되지 않는다.
요행으로는 더더욱 되지 않는다.
이기는 방법을 알고 있고
왜 이길 수 있는지 원리를 꿰고 있다.

확고한 원칙과 굳은 심지가 없으면
이 시장을 기웃거리면 안 된다.

미흡한 부분을 강화시키고 시작해도
늦지 않다.

운이라는 것은
한참 후의 일이다.

스님 둘이 여행 중 냇물을 만났다.

마침 그곳에는 예쁜 여인이 발을 동동 구르고 있었다.
여자 몸으로 건너기엔 물살이 너무 셌다.

제가 업어드리죠.

정말요?

스님
고맙습니다.　　　　나무 관세음….

스님,
아무리 사정이 딱하기로 출가한 신분으로
여인을 업다니요.
여인의 육체를 가까이하는 것도
부처님 가르침에서 벗어나는 것 아닙니까?

허허, 이 녀석아.

나는 냇물을 건넌 뒤
이미 그 여인을 내려놓았는데
너는 아직도 그 여인을
업고 있단 말이냐?

한 번 흘러간 강물은 다시 돌아오지 않는다.

투자도 마찬가지다.
지난 매매를 아쉬워해본들
현재의 매매에
도움이 되지 않는다.

맞지 않고 링 위에
설 수는 없다.

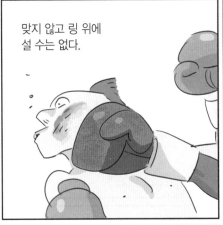

유도 선수는 상대 선수를 메치기 전에
낙법을 먼저 배운다.

권투 선수는
가드 올리는 방법을
익힌 뒤에
잽을 던질 수 있다.

투자자라면 잃을 때
아프지 않게 잃을 줄 알아야 한다.

열에 두세 번 올까 말까 한 기회를 거머쥘 시점에는
뼛속까지 발라 먹겠다는 자세가 필요하다.

결코 잊어서는 안 되는 사실은
시장을 결코 원망해서는
안 된다는 점이다.

사실이든 아니든
인정해야 한다.

시장은 늘 옳다.

허영만의 주식 타짜
타이밍 승부사들

개정판 2쇄 발행 2024년 4월 8일

글·그림　　　허영만

펴낸이　　　신민식
펴낸곳　　　가디언
출판등록　　제2010-000113호

CD　　　　김혜수
마케팅　　　이수정
디자인　　　미래출판기획

종　이　　　월드페이퍼(주)
인쇄 제본　　(주)상지사P&B

주　소　　　서울시 마포구 토정로 222 한국출판콘텐츠센터 401호
전　화　　　02-332-4103
팩　스　　　02-332-4111
이메일　　　gadian@gadianbooks.com
홈페이지　　www.sirubooks.com

ISBN 979-11-6778-120-8 (14320)